講義再現版 第**7**版

伊藤真［著］

伊藤真の
刑法入門

The Guide to Criminal Law
by Makoto Itoh.
The seventh edition

日本評論社

　『伊藤真の刑法入門』は、1997年の初版刊行以来、版を重ね、今回で第7版になりますが、幸いにも今まで大学生や社会人はもちろん、中高生からシニアの方々まで幅広く読んでいただくことができました。

　前回の改訂版（第6版）を刊行した2017年2月以降、刑法に関連して、2022年刑法改正（2022年6月13日成立。拘禁刑創設、侮辱罪厳罰化等。なお、侮辱罪厳罰化の改正はすでに施行されており、拘禁刑創設の改正は、2025年6月1日に施行）、2023年刑事訴訟法改正（2023年5月10日成立。刑法に関連して逃走罪の主体の変更等）、2023年刑法及び刑事訴訟法改正（2023年6月13日成立。性犯罪についての刑法改正。刑事訴訟法においては、性犯罪について公訴時効期間の延長など）がなされました。

　本書は、刑法の概略を理解してもらい、刑法という法律をより深く学習するための指針となるために著したものですから、上記各改正のすべてに触れたものではありませんが、未施行部分を含めて必要な限度で反映させています。

　刑法は、新聞、テレビやネットなどのニュースで、日々接する「犯罪」と「刑罰」に関わる法律ですから、なんとなくイメージを抱きやすい身近な法律だと思います。ただ、一方で、刑法は、数ある法律の中でも理論的な対立が激しく、正確な理解が困難な法律ともいわれています。本書は、あくまでも入門書ですから、理論的な対立を詳細に説明することはできませんが、その対立の概要や学説のおおまかな対立点をつかんでもらい、今後の学習のための指針を示すようにしています。

　この本を手にした方が、刑法をはじめ、法律学習の面白さを感じながら法律を身につけ、法を身近なものに感じることができるようになることを

願っています。

　では、早速授業を始めます。

　2024年2月

伊藤　真

　伊藤塾ホームページ：https://www.itojuku.co.jp

　刑法は憲法、民法と並んで基本三法と呼ばれます。皆さんは刑法というとどんなことを思い浮かべますか。一般的には、殺人罪などの犯罪や人を裁くための基本的な法律だと考えるのではないかと思います。法律といったときに一番イメージしやすいものかもしれません。小説やドラマでもよく犯罪は題材にされますし、新聞の三面記事でも馴染みがあります。このように、刑法のテーマのひとつである犯罪についてはたしかにある程度のイメージをもちやすいのですが、反面、実際に犯罪を犯した経験のある人はほとんどいないでしょうから、実際に犯罪を犯すときの気持ちや現実の情景をイメージしてみろと言われてみても、民法のときの売買のように容易ではありません。また、小説やドラマには演出があり、法律的にみると必ずしも正確でない場合もあります。

　そして、刑法は理論的にきわめて難解な法律といわれています。日本の刑法はドイツの刑法をもとに構築されていますから、概念を操作して結論を出すことが多いのです。そして、その刑法の考え方しだいで人が死刑になったりするのですから、ある意味ではとても厳格な解釈や態度が要求されるのは当然です。また、人が人を裁くことができるのはなぜかという哲学的な問題も背後に控えていますから、深く研究しようとすると切りがありません。学説の対立は他の科目に比べてきわめて厳しく、他説を徹底的に糾弾したりすることもあります。学説の分岐も多岐にわたり、用語もドイツ語直訳の難解なものが多く、とっつきにくい印象を与えています。

　このように、正確なイメージがもちにくく難解にみえる刑法を、先入観をもたずに容易に学習していくための指針になるように本書を著しました。用語も含めてきわめてわかりやすく記述しています。したがって、本シリ

ーズの他の科目と同様、若干学問的には物足りないところがあるかもしれ
ませんが、初めて刑法を学ぶ方がその全体像を知る上では必要十分なもの
になっていると思います。また、重要基本論点はコラムの形で紹介してい
ますから、今後の学習の大きな助けになると思います（ただ、内容はかな
り難しいものになっています。まずは本文を読んでいただいた上で、もう
一歩先へ進む方のためのコラムです）。

　一般には、刑法というと犯罪者を処罰するための法律というイメージが
強いのですが、逆に犯罪者にされそうな人を守るという側面もあります。
つまり、刑法には人権保障の役割もあるのです。刑法を学ぶに際しては、
この人権保障という観点が不可欠となります。したがって、なぜ人権保障
が大切なのかということを含めて、憲法の概略を学んでいることが前提に
なります。拙著『伊藤真の憲法入門』（日本評論社）程度のことは、基礎
知識として理解してから刑法の学習に入っていただければと思います。

　そして、この人権保障にも関連するのですが、だれもが犯罪の加害者に
なる可能性があるということを理解しつつ学習していくことが必要です。
自分は絶対に犯罪など犯すはずがないと思っている人間が、実際には犯罪
者になってしまうことがあります。それほど、人間は不条理な生き物であ
ることをしっかりと自覚することから刑法の勉強は始まります。被害者も
弱者ですが、犯罪者もまた社会の弱者であることが多いのです。そして、
強者の立場にあるときには想像もできないかもしれませんが、いつでも人
は弱者の立場になりえます。こうした交代可能性を認識することは、謙虚
に法律を学ぶ上で重要なことだと考えています。もっとも人間的な法律の
ひとつである刑法を、もっとも論理的に理解することが本書の大きな目的
のひとつです。

　さらに、刑事法は訴訟法や行刑法もあわせて初めて完結します。そして、
刑事システムは、こうした全体を視野に入れて作られています。大陸法系

の実体法を重視したシステムに対して英米法系の訴訟法を重視したシステムは、それぞれが自己完結して意味をもちます。したがって、本当に刑法を理解するには訴訟法や行刑法をも学習することが必要です。優れた刑法の先生は例外なく刑事訴訟法の大家でいらっしゃいます。今は余裕がないかもしれませんが、時間があればぜひ刑事訴訟法の概略も学んでみてください。

　読者の皆さんが本書を通じて刑法に興味をもたれ、更なる学習に進まれることを願っています。

　　　1997年9月

　　　　　　　　　　　　　　　　　　　　　　　　　　　伊藤　真

伊藤真の刑法入門
第7版

◉

目　次

第2章…刑法各論

……はじめに

　それでは、刑法の講義を始めます。

　刑法は、まず大きく分けると刑法総論と刑法各論という大きく2つのパートに分けることができます。総論と各論という2つの部分からなっていることになります。刑法というのは、一言でいえば、犯罪と刑罰に関する法です。犯罪とは何なのか、そして犯罪を犯した人たちにどのような刑罰が科せられるのか、そんなことを勉強していく法律です。

❶刑法の特徴・学び方

(1) 難解な用語～独和刑法？

　憲法や民法などと比べると、刑法というのは、使用される言葉が難しくなっています。どうして難しいのでしょうか。それは、ドイツの刑法をそのまま日本にもってきて日本語に訳して教科書を作ったりしたからなのです。そして、現在の刑法は、明治の頃に作られた刑法を現代語に直しただけのものです。まさに明治の後半にできた、そしてドイツから輸入してきた刑法がもとになっているわけです。

　勉強するときに直訳口調の難しい単語や言葉が並んでいたりすると、最初はどうしてもその言葉にびっくりして、刑法って難しいな、というイメージをもってしまうかもしれません。しかし、刑法というのは理論、理屈が非常にしっかりしているので、その理論的な体系・骨組みをしっかり理解しておけば、実は案外取り組みやすい科目です。

　たぶん、憲法・民法・刑法という3科目の中では、一番とっつきやすいのが憲法で、一番とっつきにくいのが刑法だろうと思います。しかし、おそらく一番最初にマスターできるのは、刑法です。刑法は、最初の段階で

少し難しい言葉が出てきて、参ったなと思うかもしれませんが、慣れてしまえば案外簡単です。はじめの段階では、難しい用語もあまり気にする必要はありませんから安心して進んでください。

(2) 刑法事例のイメージ〜講義では何人も人を殺す

また、専門的な言葉のイメージをもちにくいということにも関わるのかもしれませんが、たとえば憲法で三権分立、民主主義、自由主義、人権などといわれて、まったくイメージをもてないということはあまりないと思います。正確にはわからなくてもぼんやりとはイメージをもてるはずです。それから民法にしても、「コンビニでお弁当を買うときがあるでしょう」というような具体例を出せば、皆さんは自分の頭の中で、コンビニでお弁当を買うときに、このお弁当くださいというあれが、引渡しの請求なんだと、かなり具体的に自分の体験からイメージがもてるはずです。

ところが、刑法は、民法のように「ほら皆さん、コンビニに行って弁当を買うでしょう、あの感じが売買契約なんですよ」というのと同じく、「皆さんも人を殺すでしょう、あの感じが、殺人なんですよ」などという説明はできないわけです。ほとんどの皆さんは犯罪というものとは無縁の世界で生きてきているはずです。基本的には犯罪を犯したことのない人がほとんどではないかと思います。たいていは新聞やニュースや小説、映画、ビデオ、ドラマの中で見るぐらいで、自分の体験として犯罪だとか刑罰というものを感じたことはあまりないと思います。ですから、刑法を具体的に身近に感じるということが、少し難しくなるのかもしれません。

逆に言えば、それで救われるところもあります。私は、民法の講義ではよく具体的なイメージをもてといいます。抽象的な規定を身近なものとしてイメージすることは、法律の勉強においてとても大切だからです。しかし、刑法の世界であまり具体的なイメージをもちすぎると、勉強が辛くな

ることがあります。それは刑法でテーマにしていること自体が、売買や賃貸借、債務不履行、損害賠償というレベルではなくて、人が死んだり、強盗に遭ったり、放火に遭ったり、そんなとんでもない話が次から次へと出てくるからです。その場面でいちいち具体的にイメージをもってしまうと、ちょっと、気持ちがもたないでしょう。

この本の中でも何人も人が死んでしまうわけですが、そこは本の中の世界の話だとある程度割り切っておかないと、勉強しているときに辛くなってしまいます。ですから、刑法で出てくる具体例は少し抽象化して勉強を進めてください。そのあたりは憲法や民法とは少し違うところです。

このように、皆さんは教科書やこの講義の中で、殺人や強盗や放火などの事例を用いて勉強します。講義の中では、殺人罪や強盗罪など平気で議論しますし、被害者が死亡して、それについてどういう責任を問われるのか、などということも何の気なく言ったりします。しかし、それが一度裁判官・検察官・弁護士となって現場に出ると、現実問題として皆さんの前に出てきます。いざ現場に出て、目の前で遺族の人に号泣されたりすると、人の命というものは大変なものなんだなということが本当にひしひしとわかるようになります。その段階でもう一度、刑法の意味などを考えてみてください。

❷激しく学説が対立し、
　　きわめて理論的であることの意味

では、なぜ刑法はほかの科目と比べて、きわめて理論的で、その理屈を重視する科目なのでしょうか。

何しろ刑法というのは、その最たる効果は死刑です。死刑というのは、戦争を放棄している日本国憲法のもとで国家に許されている唯一の殺人行為なわけで、そういうことを正当化する学問、それがこれから勉強する刑

法なのです。人の命を国家が奪ってしまって、それが正しいのだ、それでもかまわないのだということをいかに論じていくかという学問ですから、考えてみれば非常に恐ろしい学問です。命ではないとしても、他の刑罰についても、人の権利を制約するという意味で、同様のことがいえるでしょう。

　しかし、そうはいっても刑法というものは、やはりどうしても存在していなければなりません。このように、これから学ぼうとする刑法は、非常に厳しい分野であるということはわかっておいてください。だからこそ、この刑法の世界では学説の対立というものが非常に大きいというか、厳しいのです。たしかに、憲法や民法でも学説の対立というものがあります。しかし、一番学説の対立が厳しく激しいのは、やはり刑法の世界です。刑法の世界では先生方が自分の学説を本当に必死に主張します。そのぶつかりあいというのは、まさに火花を散らさんばかりです。

　これから勉強を進めていくと、なぜそんなに厳格に考えるのだろうかと、一瞬違和感を感じることもあるかもしれませんが、人の生死が学説に依存することもあるわけですから、それはやはり真剣にならざるをえないでしょう。

　こういう刑法をこれから勉強していくのだ、そういう重たい重要なことをやっていくのだということを頭の隅においておいてください。ただ、先ほど述べたように具体例などをあまり重たく考えすぎるとやり切れなくなりますから、そのあたりのバランスも大切です。

❸細かな学説よりも体系

　刑法では、その全体を貫く大きな考え方の違いによって、体系や各論点の処理が違ってきます。刑法における学説は本当にさまざまなものがありますが、ここでは、通説的な見解、判例で採用されているような見解を中

心に紹介していきます。将来、どのような学説で勉強することになろうとも、ここで紹介するような通説的な考え方の理解は不可欠です。そして、特に司法試験や司法書士試験に合格しようと考えているのならば、これらの試験は実務家登用試験ですから、まず、判例、通説的な考え方を理解していなければ話になりません。その上で、興味があればこうした通説的な考えを批判する有力説の学習に進むとよいでしょう。

　また、論点ごとにもさまざまな学説が出てくるのが刑法の特徴です。勉強を始めた頃はこうした学説の多さに驚いてしまうこともあるかもしれません。しかし、最初の段階では、論点ごとの細かな学説を覚えるよりも大きな体系を理解することのほうが重要です。大きな構造を理解してから、論点の勉強に入り、学説を理解し整理していくことです。本書ではまず、この大きな体系を理解するために基本的な構造の部分を本文に記載し、論点的な部分はコラムの形で収録してあります。まずは本文を読んで、刑法全体の構造すなわち体系を把握してください。その上で余裕があればコラムにも挑戦していただけるといいと思います。

　とにかく刑法の学習のコツは、最初の段階では細かい知識を覚えるよりも、まずは、大きな刑法の体系を知ることです。

　さあ、それでは早速刑法の内容に入っていくこととしましょう。

第1章
刑法総論

Ⅰ 序論

　まず、条文をみてみましょう。六法を用意してください。刑法は平成7年に改正されて平仮名表記になりました。また、その後も度々改正されています。六法は改正に対応した最新のものを用意してください。

　用意ができたら、刑法の目次を開いてください。以下のようになっています。

第36章　窃盗及び強盗の罪
第37章　詐欺及び恐喝の罪
第38章　横領の罪
第39章　盗品等に関する罪
第40章　毀棄及び隠匿の罪
附則

　第1編の「総則」、これを刑法総論とよび、第2編の「罪」のところを刑法各論、とよんでいきます。「罪」のところには、第1章から第40章までさまざまな犯罪が書いてあります。

　第2編の第1章は、いきなり削除、と書いてありますが、これは天皇に対する罪で、昔、不敬罪という天皇を敬わない行為に対する罪がありました。戦後、憲法が変わったことに対応して、天皇だけ特別扱いする必要はなくなり、これは削除されたのです。

　第2編は、内乱罪から始まり、さまざまな犯罪が並んでいるのですが、大きくみると、国家に対する犯罪が最初のほうに出てきて、途中から、たとえば第9章の放火罪のような、社会に対する罪などがいくつか並びます。それから第26章あたりのところから、個人に対する罪として、殺人罪、傷害罪、窃盗罪というようなものが出てきます。

　このように、国家に対する罪、社会に対する罪、そして個人に対する罪という順で各論は並んでいますが、その中でも重要なのは個人に対する罪です。特に財産に対する罪、とりわけ第36章から出てくる窃盗罪や強盗罪のあたりが重要ですので、そこを中心に講義は進めていきます。

　このように、刑法の「第2編　罪」というところでは、各犯罪についての条文が並んでいます。

　「第1編　総則」についてはどうでしょうか。第1章からざっと見ても、「通則」や「刑」や「期間計算」など、何かよくわからない言葉が出てき

ますが、この刑法総論の部分では、条文そのものの勉強というよりは、むしろ条文に基づいた解釈として、犯罪というのはどういうときに成立するのかという一般論を学んでいきます。

　殺人罪や窃盗罪などの犯罪が成立するためにはどういう要件が必要なのか、そんなことを刑法総論では学んでいくのだと、おおまかにイメージをもっておいてください。

❶刑法の機能

　それでは、刑法総論に入っていきましょう。まず最初に、そもそも刑法というのは何のためにあるのか、すなわち刑法の存在理由、これを少し考えてみたいと思います。いわゆる刑法の機能とよばれるものです。刑法の機能というのは、一言でいえば刑法の役割ぐらいの意味と考えておいてください。

　さて、刑法の機能ですが、大きくいうと2つあります。1つは、法益保護機能、そしてもう1つは、人権保障機能（自由保障機能）です。法益保護機能にいう法益というのは、法的に保護すべき利益のことです。法的に保護すべき、法的保護に値するような利益のことを法益といって、それを守るという機能が刑法の1つの役割です。それから人権保障機能というのは、要するに人権を守るという役割が刑法にはあるというわけです。このあたりをもう少し詳しく説明していきましょう。

（1）法益保護機能（法的に保護すべき利益を守る役割）

　世の中では、テレビや新聞などで、強盗がありました、窃盗がありました、殺人がありました、などと毎日のように報道されています。そのときに私たちが一般に刑法に対してもっているイメージというのは、やはり悪いやつを処罰する、というイメージですね。何か犯罪を犯した人がいると

きには、すぐ捕まえて処罰する、そういうイメージです。処罰をすることによって何をしようとしているのでしょうか。それは、私たち国民の生活を守り、国民の利益を守ろうとしているのです。

　たとえば、窃盗罪という犯罪があります。人の物を盗む犯罪です。窃盗罪という犯罪を処罰することによって、何が守られるのか。窃盗犯人が世の中からいなくなることで、個人の財産が守られます。では、殺人罪という犯罪を処罰することによって、何が守られるのか。人を殺すことに対して刑罰を科すことによって、人を殺そうと思う人が減ってくるのではないか、すなわち人を殺すということがなくなるのではなかろうか。そう考えれば、殺人罪という犯罪を処罰することによって、人の命という法益を守ろうとしていることがわかります。刑法によって処罰するということは、いわば刑法で犯罪とされているものから守ろうとしている法益、それを刑法自体が保護しようとしているということなのです。この法益の保護機能は、犯罪の被害者を保護してやろうというイメージだと思っていただいてかまいません。

　このように、刑法には国民の生活を脅かす犯罪者を処罰して、国民の利益を守るという機能が期待されています。これを法益保護機能といいます。

（2）人権保障機能（自由保障機能）

　人権保障機能というのは、少しイメージをもちにくいかと思います。刑法が人権を守る、いったいどういうことなんだろうかと思うかもしれません。しかし、刑罰は人権に対する過酷な侵害であることを忘れてはなりません。したがって、不当な人権侵害を招かないように、明確な要件のもとに、必要最小限度において刑罰権は行使されなければなりません。刑法は、国家権力が刑罰を科すことのできる要件（犯罪成立要件）と効果（具体的な刑罰）を明文化し、刑罰権の行使をこれに限定することによって、国民

の自由をできるかぎり保障するという役割をも営んでいるわけです。このように、刑法に書いてあること以外は自由だ、という意味で、私たちの自由、人権を守っていると考えることができるわけです。なお、刑法に書いてあること以外は、自由に何をやってもいいのですが、もちろんそこでいう刑法というのは広い意味の刑法です。つまり、刑法の条文だけではなく、たとえば所得税法のところにも刑罰があったり、道路交通法という法律のところにも刑罰があったり、いろいろと法律には刑罰が付いている場合がありますが、そういう刑罰が付いている部分というのはすべて広い意味の刑法だと思ってください。

　そして、人権保障機能というのは、そういう法律で刑罰を科せられているもの以外はみんな自由だという、そういう考え方をいうのです。刑法という法律に書いてあること以外は国家は刑罰を科してはならないという意味で、私たちの人権を守っているのだというふうに考えます。このように、刑法には、国家権力が刑罰を科すことができる場面を限定して、私たちの自由を守ってくれている、そういう人権保障機能があります。

(3) まとめ

　このように、刑法は、①法益保護機能と②人権保障機能という２つの機能を有しています。刑法によって社会秩序を維持していくためには、この①法益保護機能と②人権保障機能という、相互に矛盾対立しうる２つの要素を適切に調和させることが、ぜひとも必要です。そこで、刑法の解釈においても、その両者の調和をいかに図っていくかということが重要なポイントとなることを知っておいてください。

　法益保護機能、これは被害者の側の立場に立って、被害者の法益を守ろう、被害者の命だとか財産、そういうものを守ってあげようというものです。これに対して、人権保障機能、これは犯人を含めたすべての国民に対

して刑法で刑罰を科せられている行為以外はすべて自由だ、という形で国民の人権を守るというわけです。この2つはときとして、ぶつかるものです。

　もっと簡単に言えば、法益保護機能というのは、できるだけ処罰すべきだという要請として働きます。法益を守るということは、人々の命や財産などさまざまなものを守るということですから、そのためにはできるだけ処罰の範囲を広げて取締りを厳しくしたほうがいいという要請が出てきます。できるだけ処罰するべきだという方向にはたらく、それが法益保護機能ということになります。

　これに対して、人権保障機能というのは、処罰の範囲を限定するべきだという要請としてはたらきます。処罰の範囲が限定されていないと、処罰される行為の範囲が広くなってしまい、結局自由に行うことのできる行為の範囲が狭くなってしまうことになるからです。処罰の範囲を限定する方向にはたらく、それが人権保障機能ということになります。

　このように、刑法には、できるだけ処罰の範囲を広げて法益を守ろうという要請と、他方でできるだけ処罰の範囲を限定して国民の自由を守ろうという要請があるのです。この2つの役割が刑法には期待されていることになるわけですが、ときにその2つの要請は矛盾してしまいます。一方では、処罰の範囲を広げていこうとし、他方では、処罰の範囲を限定していこうというわけですから、この矛盾する2つの要請をどこでどう調和させたらいいのか、それがこれから勉強していく刑法のメイン・テーマなのです。

　刑事訴訟法というところでもまた似たような話が出てきます。たとえば、かつて、オウム真理教事件というのがありましたが、その際には、悪いことをやったんだから、それに関与した者をとっとと捕まえるべきだ、できるだけ処罰すべきだ、そういう方向が一方でありました。もう一方で、そ

ういうことをむやみに広げてしまったら、とんでもない。一般の国民も、ひょっとしたら誤って捕まってしまうかもしれない。だから、どんなに悪いことをしたとしても、それは適正な手続にしっかりと乗せなければいけないという要請です。そして、処罰できるかどうかの範囲も、きちっと限定しておかないと、曖昧なまま処罰するということになったら、これは非常に危険なことになる可能性がある。だから、できるだけ処罰の範囲も明確にすべきだ、取締りなどの手続も厳格にすべきだ、という要請があります。このように、処罰したいという要請と処罰の範囲や手続を厳格にすべきだという要請の間のどこで折り合いをつけるか、それがけっこう難しいわけです。

　次のような事例を考えてみてください。

　　産業スパイが競争企業の研究室に忍び込み、新製品のデザインを小型カメラに収めた。新製品のデザインを盗んだのであるが、これを「窃盗」罪（235条）とすることができるか。新製品のデザインが235条の「財物」にあたるかが問題となる。

　「産業スパイが、競争企業の研究室に忍び込み、新製品のデザインを小型カメラに収めた」行為、これに窃盗罪を成立させてよいかという問題です。ここで、「新製品のデザイン」が「財物」（235条）にあたるとすれば窃盗罪が成立するので、「新製品のデザイン」が、「財物」にあたるかが問題になります。この点、カメラで撮って盗んできたんだから、一方では窃盗罪だといいたいですね。法益保護機能を重視すれば、財物にあたるから窃盗罪を成立させるべきだという要請になります。ところが、他方、はたしてそういう情報のようなものも財物にあたるとしてすべて窃盗罪を成立

させてしまっていいのか、そうすると窃盗罪の枠組みというものが非常に曖昧なものになってしまいはしないか、という危惧が生じます。そこで、人権保障機能からは「財物」にあたらないから窃盗罪を成立させるべきでないという要請になります。

▶▶▶第235条
　　他人の財物を窃取した者は、窃盗の罪とし、10年以下の拘禁刑
　　又は50万円以下の罰金に処する。

　刑法の235条というところに、窃盗罪の条文が出てきます。これは、重要な条文のひとつです。そこには「他人の財物を窃取した者は」とあります。他人の財「物」と書いてあります。それでは、新製品のデザインのような情報は、この条文の他人の財「物」にあたるのでしょうか。実はそこが問題になってくるわけです。

　法益保護機能を重視すれば、あたるというべきでしょう。しかし、人権保障機能を重視すれば、「デザイン」というのは「物」ではないのではないか。たとえば、デザインの書いてある設計図を盗んできたら、それは設計図という「紙切れ」、すなわち「物」を盗んできたことにはなるけれど、この場合はそうではありません。設計図に書いてある「デザイン」をカメラに収めてきただけです。「デザイン」という「情報」そのものを盗んできただけで、「物」を盗んできたわけではありませんから、235条にいう「財物を窃取した」にはあたらないというのが人権保障機能を重視したときの考え方です。

　このように、ある1つの行為を犯罪にするかしないかのところで、まさにこの法益保護機能と人権保障機能の調和が大きく問題となるということをイメージとしてもっておいてください。

　刑法の解釈で問題となるのは、この部分です。憲法では人権と人権の衝突の調整が問題になりました。民法では静的安全と動的安全の調整が問題

となりました。同じように刑法では人権保障と法益保護、その2つのバランスをどこでどうとるのか、それが問題となるのです。このように、法律は憲法であろうと民法であろうと刑法であろうとすべて対立する利益をいかに調整していくのかという点に本質的な問題が含まれているのであり、この調整のためにまさに存在しているのです。

法益保護機能		人権保障機能
構成要件は広く解釈すべき	〈対立〉 いかに調整するか	構成要件は限定して解釈すべき
e.g. デザインは「財物」にあたる		e.g.デザインは「財物」にあたらない

❷犯罪

　さて、それでは犯罪とは何かというところをこれからみていくことにしましょう。

　犯罪とは何か。その議論をする前に、そもそも、人を殺すとなぜ処罰されるのだろうかということを少し考えてみましょう。人を殺すと処罰されます。死刑になったり、無期拘禁刑になったり、5年以上の拘禁刑になったりします。それはなぜでしょうか。

　そのときの考え方としては、「それは悪いことをしたからだ」とか、「それは非難されるようなことをしたからでしょう」とか、また、「刑法に書いてあるのだから、そんなもの犯罪に決まってるじゃないか」など、いろいろな答えが返ってくるだろうと思います。どの答えも正しいといえます。では、次のような事例ではどうでしょうか。

┌─ **ケース1** ──────────────────────

　甲は、他人の妻Aと愛しあう仲になり、男女の関係をもつようにな
った。

└────────────────────────────

（1）罪刑法定主義

　甲の行為（姦通）は、法秩序に反する行為です（それゆえ、民事上は、
相手方配偶者に対する不法行為〔民法709、710条〕を形成し、損害賠償責
任を負担しなければなりません）。このように、法秩序に反することを
「違法」といいます（争いがありますが、このように考えるのが通説です）。
甲の姦通行為は、「違法」な行為だということになります。

　しかし、不倫のように世の中で一般に「そんなことしてはダメじゃない
ですか」と非難をされるような事柄であっても、刑法で犯罪とするかどう
かは別の問題です。現に、不倫は、現在の日本の刑法では犯罪とはされて
いません。このように、世の中で悪いことだとか、非難される事柄だとい
くら言われても、刑法上は犯罪としないということがあります。そして、
刑法の条文の中に書かれていなければ処罰されることはないのです。これ
は、先程の人権保障機能というところで述べたように、どういうものが犯
罪なのか、どういうものが犯罪ではないのかということを国民にわかる形
にしておかなければならないという考え方のあらわれです。

　このように、いかなる行為が犯罪となり、いかなる刑罰が科せられるの
か、それをあらかじめ、成文の法律をもって規定していなければならない
という考え方を罪刑法定主義といいます。

　では、なぜ罪刑法定主義が必要なのでしょうか。その理由は、民主主義
と自由主義です。つまり、「法律で定める」というのが民主主義、「あらか
じめ定めておかなければならない」というのが自由主義から導かれます。

キーワード **罪刑法定主義**

いかなる行為が犯罪となり、それに対していかなる刑罰が科せられるかについて、あ
らかじめ成文の法律をもって規定しておかなければ人を処罰することができないとい
う刑法の基本原則である。今日、刑法上の当然の原則として広く認知されている。わ
が国でも、憲法31条でこの原則が規定されていると解されている（通説）。

民主主義の要請からは、国民がみずから決める、すなわち国民の代表者からなる国会での討論と議決により作られる法律という形で刑罰を定めることが必要ということが導かれます。自由主義というのはイメージがもてるでしょうか。それは、法律で「こういうふうにしたら犯罪だ」とあらかじめ知らされていないと、国民は危なっかしくて好きなことができないということです。何かやろうと思っても、それがもし犯罪にあたってしまったら、捕まって刑務所に行かされるかもしれないというのでは、やはり怖いし、嫌ですよね。ですから法律を調べて、「法律に書いていない。だから自由にやっていいのだな」ということで自由に行動できるのです。ところが、法律に書いてない。だからやってみた。でも後から、「それは実はダメなんだ。法律に書いていないけれども、処罰します」などと言われたら、不安でたまったものではありません。このように、人権を守るという自由主義の観点から、罪刑法定主義が要請され、あらかじめ、違法であり、また責任非難されるような事柄を類型化して法律に犯罪として条文化して列挙したのです。ですから、刑法の条文に書いてなければ犯罪として処罰するわけにはいかないということになります。

(2)「違法」と「責任非難」

　さて今、罪刑法定主義の要請により、あらかじめ、違法であり、また責任非難されるような事柄を類型化して法律に犯罪として条文化をしたのだという説明をしましたが、ここで「違法」・「責任非難」という言葉が出てきました。これらについて説明しましょう。

　ケース1に戻ってください。法秩序に反することを「違法」といい、甲の姦通行為は、「違法」な行為ということでした。違法については後で詳しく説明します。

　ただ、行為が違法であるというだけで、ただちにその行為者に刑罰とい

無罪の推定

捜査機関から、犯人ではないかと疑いを掛けられている人のことを「被疑者」とよびます（その後、起訴されると「被告人」になります）。たとえば、報道などで、「警視庁は殺人事件の主犯格の男を逮捕しました」とか、「大阪府警は4人の男女を詐欺の疑いで逮捕しました」などのニュースを見たりしたことがあるでしょう。一般的には、「容疑者」とよばれることが多いのですが、法律の世界では、「被疑者」とよびます。

注目されている事件で被疑者が逮捕されると、週刊誌などがセンセーショナルに報道することがありますね。一度逮捕されたら有罪は確定したも同然の扱いで、あれやこれやと書き立て、罵倒し、さまざまな社会的制裁がなされます。しかし、被疑者だからといって、彼らが有罪であると決まったわけではありません。ただ捜査機関に疑いを掛けられているだけであって、彼らには無罪の推定が及んでいるのです。

無罪の推定とは、適正手続によって有罪が確定するまでは被疑者・被告人を無罪として扱っていこうというものです。しかも、有罪と認定できるのは、公平な裁判所（憲法37条1項）が合理的な疑いを入れない程度まで有罪を確信したときのみです。「疑わしきは被告人の利益に」という言葉がありますが、これはやったかもしれない灰色の被告人でも無罪にしてあげようという意味ではありません。法律の世界では「有罪かそうでないか」しかないのです。アメリカの法廷映画などで、「guilty or not guilty（有罪か有罪でないか）」という言葉を聞いたことのある人もいるでしょう。「guilty か innocent（無罪）か」が問題になるのではないのです。ですから、有罪以外は完全に無罪なのです。無罪の推定とは、検察官の立証が不十分で裁判官が有罪に疑いをもったら、それは被告人の利益になるように判断し、無罪にしよう、という意味なのです。

う制裁がふさわしいわけではありません。たとえば、まったく分別がつかない子どもが近所の駄菓子屋から勝手に物を持ってきたからといって、その子どもに刑罰を科すべきとはいえないでしょう。なぜなら、わけがわかっていない子どもなのですから、彼をどんなに責めてもしょうがない、非難しても意味がないということになるからです。

したがって、刑罰を科すためには、違法行為をしたことにつき、その行為者を非難できることが必要です。行為者を非難できるということを「行為者に責任がある」という言い方をします。これが「責任非難」ということです。ここで、責任という言葉が出てきました。これは刑法での独自の使い方です。責任という言葉はいろいろな法律で、さまざまな違った意味で使われます。民法の世界では損害賠償責任とか、不法行為責任を負うとか、債務不履行責任が生じるとか、そういうふうに責任という言葉を使いました。しかし、刑法の世界では非難されるべきこと、それを責任といいます。ですから、民法やほかの法律で使う「責任」とは全然イメージが違うと思っていてください。ダメじゃないかといって非難できること、それを責任とよびます。そして、責任があることを有責といいます。

（3）刑法の人権保障機能を担う原則

以上のように、①法秩序に反すること、すなわち違法なことをやり、②しかも彼は非難されてもやむをえない状況で行った、すなわち責任がある、③かつ法律に書いてあるという、この3つを満たして初めて、その彼の行為は犯罪として処罰をすることができるということになります。

ここでもう一度、罪刑法定主義に触れておきましょう。

犯罪と刑罰をあらかじめ法律で定めておくという罪刑法定主義は、とても大切です。なぜ大切かというと、先ほどの繰り返しになりますが、罪刑法定主義が維持されなければ国民のだれしもがいつ犯罪者扱いされるかわ

からない、自由で平穏な生活を営むことができないからです。ですから、罪刑法定主義というのは、刑法の人権保障機能を担う重要な原則であるということになります。

(4) 構成要件

そして、このような刑罰を科す対象として、法律に規定された違法・有責な行為の類型を犯罪構成要件、あるいはただ単に構成要件といいます。構成要件という言葉がこれから頻出してきます。とても重要な言葉ですが、イメージをもちにくいと思います。ですから今この時点で、構成要件が何かということがはっきりわからなくても、あまり気にしないでおいてください。

構成要件というのは簡単に言えば、条文に書かれた犯罪の枠組みのようなものです。世の中で違法なこと、世の中で有責で、非難されるべきことというのは、それこそ山のようにあって、先ほど例にあげた不倫もそうですし、道端にゴミをポイと捨てる、というのもそうかもしれません。このように、世の中には、悪いこと、非難されることは、たくさんあるわけです。その中でも特に刑罰という制裁を科すのにふさわしいもの、それを集めてきて類型化する。たとえば、人の命を奪うというのはどんな方法であっても一般的にはよくないことだというわけで、人の命を奪うという行為を類型化するわけです。ナイフで刺して人を殺す、毒を飲ませて人を殺す、ピストルを発射して人を殺す、崖から突き落として人を殺すとか、いろいろな殺し方がありますが、それらを集めてきて、およそわざと人を殺す、故意に人を殺すというようにグループ化してしまいます。これが殺人罪の構成要件です。

それから、同じく人の命を奪ってしまうことだけれども、ついうっかりやってしまいました、すみません、というような場合もあったりするだろ

うということで、そういうものもさまざま集めてきて、不注意で人を殺してしまう、という枠組みを作る。これが過失致死罪の構成要件です。

　また、人にけがをさせることはよくないことです。ただ、人にけがをさせるというのは、いろいろな態様があって、それこそけんかでけがをさせてしまうこともあるかもしれないし、変な薬を飲ませて傷害を生じさせてしまうかもしれない。人間の健康を害する、けがをさせてしまうなどということはいろいろな場合があります。それを集めてきて、およそ人の健康を害するようなことをわざとやるというのは違法であるというので類型化するわけです。これが傷害罪の構成要件です。

　そのように、世の中にあるさまざまな違法でかつ有責と思われるようなものを、似たもの同士でグループ化して枠組みを作ってしまい、たとえば、人を故意に殺すというグループを作る、それから人をうっかり不注意で殺すというグループを作る、人にけがをさせるというグループを作る、または物に火を付けるというグループを作る、そういういろいろなグループを作って抽象化していくわけです。

　グループ化する、類型化するというのは一種の抽象化で、そうしてできあがったグループ、それを構成要件とよんでいきます。それが条文の形になってあらわれているというわけです。

　人をわざと殺すというグループ。これは199条で殺人罪の構成要件としてできあがる。それからついうっかりと人を殺してしまいましたというグループは、210条で過失致死という犯罪を類型化した構成要件としてできあがる。それから人にけがをさせるつもりで実際けがをさせた、というのは傷害罪として204条という条文のところにグループ化してできあがる。そんなふうに違法かつ有責である行為を類型化して作った枠組み、それが構成要件だというわけです。それが条文の形となって具体化していると考えるのです。

したがって、犯罪といえるためには、まず条文の形になって具体化している構成要件という枠組みに該当すること、そして違法であり、かつ有責であることが必要です。これで犯罪が初めて成立することになります。

　「構成要件に該当する違法・有責な行為が犯罪である」、これはとても重要ですので覚えておいてください。犯罪とは何ですか、と聞かれたら「構成要件に該当する違法・有責な行為です」というふうに答えられるようにしてください。これが、これからの刑法の勉強のすべての基本となります。

▶▶▶第199条
人を殺した者は、死刑又は無期若しくは5年以上の拘禁刑に処する。

▶▶▶第210条
過失により人を死亡させた者は、50万円以下の罰金に処する。

▶▶▶第204条
人の身体を傷害した者は、15年以下の拘禁刑又は50万円以下の罰金に処する。

(5) まとめ

　もう一度それぞれの概略を説明しておきましょう。

①構成要件

　構成要件とは、刑法の条文そのものではありません。刑罰法規の示す犯罪類型のこと、おおまかにいえば、何が犯罪であるかを示す「枠」だと思ってください。ですから、条文そのものというよりは、条文を解釈して得られた枠組みのことです。それを構成要件といっていきます。犯罪が成立するためには、まずこの構成要件に該当することが必要で、構成要件に該当するならば原則として犯罪が成立すると一般には考えていきます。構成要件の内容として何を盛り込むか、という議論はありますが、私たちは違法かつ有責な行為の類型と考えます。これを違法・有責行為類型といいま

キーワード **構成要件**
刑法の条文そのものではなく、刑罰法規の示す「犯罪類型」のことである。おおまかにいえば、何が犯罪であるかを示す枠だといってよい。犯罪が成立するためには、まずこの構成要件に該当することが必要であって、かつ、構成要件に該当するなら、原則として犯罪は成立すると考えるのが一般である。構成要件の内容として何を盛り込

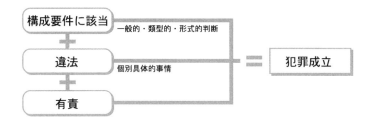

す。ちょっとわかりにくいかもしれませんが、要するに、違法な行為、有責な行為を類型化したものなのだ、というぐらいに思っていてもらえればそれで十分です。

　犯罪というのは、このように違法でかつ有責な行為を類型化した構成要件に該当する行為をいいます。構成要件に該当する、というのは簡単にいえば条文に書いてあることをしてしまったということです。199条の殺人罪ならば「人を殺した者は」と書いてあります。ですから、人を殺すという行為をやれば、それが構成要件に該当することになります。

　では、構成要件に該当するとそれだけで犯罪が成立するのかというと、そうではなくて、違法でかつ有責でなければいけません。構成要件に該当すれば、たいていは違法で有責なのですが、例外的に構成要件に該当しながら違法でない、または有責でないという場合があります。そんなことあるのかと思うかもしれませんが、たとえば、人を死んでしまえと思って殺したにもかかわらず、例外的に違法性がないから犯罪ではないという場合があります。その典型的なものが正当防衛です（36条１項）。だれかにナイフで刺されそうになって、まさに自分の身を守るためには、相手をやっつけなければ自分の命が危ない。そういう切羽詰まった場面のところで相手を撃ち殺したとします。このときには、相手が死んでもかまわない、と思ってわざと撃ち殺しているわけですから、殺人罪の構成要件に該当してしまうわけです。しかし、自分を守るためにやむをえずやったのだから、

むか（たとえば、構成要件を後述する「違法」な行為の類型と考えるか、それとも、「違法かつ有責」な行為の類型と考えるか）については争いがあるが、通説に従って違法有責行為類型と考える。

これは違法ではない、というふうに例外的に認めてあげるわけです。

このように、構成要件に該当しても違法性を欠けば犯罪は成立しません。構成要件を違法有責類型と考えると、構成要件に該当する以上は違法性があるのが原則で、例外的に違法性が欠けるとして犯罪が成立しないとされる場合があり、このように違法性が例外的になくなる場合を、違法性が阻却されるといいます。わざと人を殺したとしても、相手をやらなければ自分がやられてしまうという切羽詰まった場面では、それを違法とはいえないということですから、構成要件には該当しているけれども、違法性が阻却されて犯罪不成立という判断をしてあげるわけです。

たとえば、人を傷付けてはいけない、そういうものを類型化して枠組みを作って、傷害罪の構成要件を作りました。傷害罪の構成要件は、人を傷付けてはいけない、ナイフで刺したり、けがをさせたりしたらダメだということです。204条です。人を傷付けたら、構成要件に該当する。しかし、例外的に違法性が阻却されるという場合がたくさんあります。お医者さんが手術をする場合、お医者さんはメスで体に傷を付けます。これはたしかに人の体に傷を付けているわけですから、傷害罪の構成要件には該当してしまいます。しかし、それはお医者さんが治療としてやっているのだから、それをだれも違法とはいいません。例外的に違法性が阻却される場面ということになります。ただ、この場合も例外的に違法性が阻却されるということであって、構成要件には該当してしまうわけです。

ここまでのところでわかるとおり、構成要件というのは個別具体的な事情は考えないものです。個別具体的な事情というのは、今まさにやられそうだからやりかえしたとか、治療行為として傷付けただけですとか、そういう事情のことです。そういった個別具体的な事情に着目しないで、一般的・類型的な判断をするのが構成要件の判断なのです。一般的・類型的な判断、形式的判断といってよいかもしれません。

キーワード **違法性**

構成要件に該当しても、違法性を欠けば犯罪は成立しない。構成要件を違法有責行為類型と考えると、構成要件に該当する以上は違法であるのが原則だが、例外的に違法性が欠けるとして犯罪不成立とされることがある（これを違法性阻却という）。典型的には、正当防衛（36条1項）がある。なお、ここにいう違法性の意味の捉え方につ

そして、その個別具体的な事情というのは、構成要件に該当することを前提にして、第2段目のレベルで違法性が阻却されるかどうかをみる際に考慮することになります。このように、構成要件に該当するかどうかという判断は、およそ人を殺したかどうか、それだけをみます。どういう事情で殺したのかなどということは一切気にしないで、とにかく故意に、わざと人を殺したかどうか、それだけを形式的に判断していきます。それが構成要件該当性の判断です。

②違法性

構成要件に該当するとなったなら、次に個別具体的な事情に着目していきます。正当防衛だったのではないかとか、彼は治療行為としてやったのではないかとか、そういう例外的に違法性が阻却される事情がないか検討します。それが違法性のレベルの話ということになります。ですから、構成要件該当性の判断をしたら、次に違法性が阻却されるかどうかという判断がくるのです。

③責任

さて、構成要件に該当し、違法性も特に阻却される事情はない（正当防衛でもなければ治療行為でもない）。しかし、そんな場合でも彼を非難できないという場合があります。すなわち、例外的に責任がないという場面です。これが3番目に問題になるわけです。

たとえば、彼が、物事の善悪もわからない程重い精神病にかかっている場合には、その人に、人を殺しちゃダメじゃないですか、といくら非難してみても、その人はわからないわけです。自分が悪いことをしているということをわからない状態でやってしまったわけですから、彼を強く非難しても無意味です。刑務所に入れるという、刑法上の制裁を科すのではなしに、むしろ彼を病院に入れて治療をしなければならないでしょう。

したがって、構成要件に該当し違法性もある、しかし例外的に責任がな

いては争いがあり、通説は法規範に違反することだと捉えているが（法規範違反説）、法益（法律が守ろうとする利益）侵害ないしその危険をいうとする見解（法益侵害説）も有力である。

いという場面もあるということです。それが3番目の責任です。

　精神病でわけがわからなくなっていたというような場合、これは責任能力がないという言い方をして、精神病の彼を責任無能力者といいます。責任無能力者の行為の場合、それは非難のしようがないということになって、彼は刑法上は犯罪不成立になってしまいます。

　責任がなければ刑罰がないという原則を責任主義といいます。責任主義とは何ですかと問われたら、「責任なくして刑罰なし」という原則をいいます。非難ができなければ刑罰を科せられることはないということです。たしかに、本人は構成要件に該当し、違法なことをやっているかもしれない。しかし、責任能力がなければ刑罰を科して制裁を加えても意味がないではないか、非難できないのならばしょうがないという合理的な考え方に立っているのです。

⑷犯罪が成立するかどうかの検討順序

　このように、まず構成要件に該当するかどうかを検討します。個別具体的な事情はすべて捨象して、抽象的・類型的な判断をします。人を殺すということをやったかどうか。やったならば、構成要件に該当する。それから個別具体的な事情に着目して違法性が阻却されるような例外的な事情があったのかどうか、それをチェックします。そして正当防衛だとか、治療行為、そういう事情はありませんということになると、違法性は阻却されない。今度は3番目のところで、例外的に責任がなくなる個別的な事情があったのだろうか、その犯人は責任無能力だったか、どうなんだろうか、ということを判断する。それもありません、ということになると、そこで初めて犯罪成立ということになるのです。

　これが構成要件に該当し、違法性があり、責任があれば、犯罪になるということの意味です。「犯罪とは、構成要件に該当する違法・有責な行為である」という定義を皆さんに覚えてもらいました。この定義というのは

キーワード 責任

構成要件に該当し、かつ、違法性阻却事由が存在しなくても、責任を欠けばやはり犯罪は成立しない。行為者の責任に帰しうる、すなわち非難しうるものでなければならないのである。このような「責任（非難可能性）なくして刑罰なし」という原則を責任主義という。

実は犯罪が成立するかどうかの検討の順序そのものになります。

　後で詳しくお話していくことになるのですが、ここで、89頁の図をちょっと見てください。一番上に構成要件があります。ここの中を詳しくみていくと、構成要件に該当する、構成要件該当となると、違法性阻却事由があるかどうかをチェックします。例外的に違法性が阻却される場面かどうかというのをみて、違法性阻却事由としては、そこに書いた6個にひっかからないかどうかをチェックすればいいだけのことです。そして、特に違法性阻却はないとなると、次に責任。これが満たされるかどうかをチェックします。もしこの責任能力というものがなければ犯罪不成立、この責任故意がなければ犯罪不成立、期待可能性がなければ犯罪不成立、というように、ここに書いてある要素を満たしているかどうかをチェックして、それぞれが満たされているとなると責任があるということになり、初めて故意犯成立となります。

　このように、構成要件該当、違法性阻却事由がないこと、責任阻却事由がないこと、これが実は犯罪の成立要件ということになるわけです。これがきちんとわかれば刑法の総論はおしまい、といってもいいぐらい重要なところです。この中身を理解していくために、これからの話があるのだと思ってください。

「罪」と「crime」

「罪」と英語の「crime」の違いという面白い話があります。これは一橋大学名誉教授である村井敏邦先生に教えていただいた話です。そもそも日本では「罪」という概念の中には手続に従って裁くという意味あいがないらしいのです。「罪」は「つつしむ」につながり、手続を云々するのではなく、みそぎを待つという感覚です。これに対して、英語の「crime」は「cry」につながる概念で、叫んで証人を得て裁判するという意味あいを含んでいるらしいのです。英米ではそもそもcrime自体が手続を含んだ概念なのです。そこで、手続によって有罪と宣告されるまでは無罪として扱われることはきわめて当然のことであるわけです。

理解度クイズ①

1　次のうち刑法の機能といえるものはどれか。
- ①　法益保護
- ②　取引安全保護
- ③　自然環境保護

2　次のうち刑法の機能といえるものはどれか。
- ①　人権保障
- ②　勤労褒賞
- ③　安全保障

3　罪刑法定主義の内容として正しいものはどれか。
- ①　犯罪なければ刑罰なし
- ②　法律を作りさえすれば、遡って処罰できる
- ③　法律なければ犯罪なし、法律なければ刑罰なし

4　犯罪が成立するかどうかの検討の順序として正しいものはどれか。
- ①　違法→責任
- ②　構成要件→違法→責任
- ③　条文→構成要件→違法→責任

※解答は巻末

Ⅱ　犯罪成立要件

　さて、犯罪成立要件についてみていきましょう。犯罪というのが、そもそも構成要件に該当する違法・有責な行為である、ということですから、これを順を追って検討していくことになるわけです。

　まず、構成要件というのは何なのだろう、構成要件に該当するというのはいったいどういうことなのだろうか、というようなことをこれからみていきます。それから次に違法性の阻却とはどういうことなのか、さらに有責、すなわち責任があるとはどういうことなのか、それを順にみていきます。

❶構成要件

(1) 構成要件要素

　構成要件を形作る要素のことを構成要件要素といいます。その構成要件という枠組みを作っている要素には客観面と主観面との両方があり、客観的構成要件要素、主観的構成要件要素といいます。

　客観・主観という言葉が出てきました。刑法の世界でこれから何度も客観・主観という言葉が出てきます。そして、その場面場面によって違う意味で使われることがありますから、混乱しないようにしなければなりません。

　さて、この最初に出てくる客観的構成要件要素、主観的構成要件要素というときの客観・主観について、客観というのは外から見てわかる、要するに外形という意味あいで使われます。主観というのは心の中の問題、行為者の内心という意味あいで使われます。外から見てわかること、または心の中の問題という意味で、客観的・主観的、というふうに構成要件要素を2つに分けて考えます。

（2）客観的構成要件要素

　では、わかりやすいところで殺人罪の構成要件を考えてみましょう。

　まず、殺人罪の客観面の構成要件要素は何でしょうか。

　たとえば、ピストルの引き金を引いて人を殺すという場面においては、ピストルの引き金を引くという行為、これによって弾が飛んで被害者に当たって、被害者が死にます。それが外から見てわかる行為です。それを客観的構成要件要素といいます。そのときに犯人がピストルの引き金を引くという部分が実行行為とよばれる行為になります。それから被害者が死んだ、これは結果といいます。そして、その結果は本人の行為によって引き起こされていますが、この実行行為と結果を結び付ける概念を因果関係、といいます。ですから、構成要件の客観面というのは、実行行為、結果、因果関係、この３つからできあがっているということになります。

　次の頁の図を見てください。①実行行為、②結果、そして③因果関係とあります。因果関係が３になっていることに注意してください。この順序で検討するということです。まず実行行為があったかどうか、というのをみて、次に結果が発生したかどうかを検討して、結果が発生したときだけ因果関係を検討するということです。

　この順序で検討するということがとても大切です。この順序をしっかりと頭に入れておいてください。時間の流れどおりではなくて結果が発生しているかどうかの検討が先にきます。

①実行行為

　実行行為とは何かというと、刑法において犯罪の成否を検討する行為のことをいいます。構成要件に書いてある行為ぐらいに考えておいてください。簡単に言えば、犯罪行為ぐらいのイメージをもってもらえればいいと思います。正確には、実行行為とは、法益侵害の現実的危険という実質を有し、構成要件に形式的にも実質的にも該当すると認められる行為をいう

キーワード　実行行為

法益侵害の現実的危険という実質を有し、特定の構成要件に形式的にも実質的にも該当すると認められる行為をいう。

```
┌─────────┐   ┌─────────┐        ┌─────────┐
│ ①実行行為 │──▶│ ③因果関係 │───────▶│  ②結果  │
└─────────┘   └─────────┘        └─────────┘
```

のですが、これはこの段階では覚える必要はありません。

　たとえば、実弾の入っているピストルの引き金を引くことは、人の死を引き起こす現実的な危険性のある行為といえるでしょう。ですから、殺人罪の実行行為といえます。また、鋭いナイフで相手を突こうとする、それもやはり殺人罪の実行行為といってよいわけです。首を絞める、毒を飲ませるなどそういうものは、みんな殺人罪の実行行為といってよいでしょう。なぜ実行行為といえるのか。それは、そういう行為をすれば、人の生命という法益を侵害する現実的な危険性があるからです。

　このように、まず犯罪かどうかは、当該行為が実行行為といえるかどうかを最初に検討しなければいけません。たとえば、ピストルの引き金を引く、その行為が殺人罪の実行行為といえるかどうか、それはまさに現実的な危険があるかどうかで決まります。

　ですから、実弾の入った本物のピストルでやれば、まさに殺人罪の実行行為です。これに対して、おもちゃのピストルをかまえて、「お前なんか死んでしまえ」と言って引き金を引いた場合、それは殺人罪の実行行為といえるかという問題が実は出てきます。おもちゃのピストルでいくら撃ったとしても、殺人罪の実行行為とはいえないのではないか、と思うかもしれません。しかし、実行行為というのは先ほどいったとおり「現実的な危険性を有する行為」をさし、その危険性というのは、社会一般の人が危険だと思うかどうかで判断されます。したがって、きわめて精巧にできたモデルガンで、「お前なんか死んでしまえ」と言って引き金を引いたら、周りの人は「あ、危ない」と言ってみんながひやっとする。こんな状況ならば、これを殺人罪の実行行為といってしまうというのが、実は通説の考え

方なのです。

　他の例で、もう少し詳しくみてみましょう。

　たとえば、ある人を殺してしまいたいという計画をした人がいるとします。どうやって殺そうかと考え、「最近、飛行機事故がない。そろそろ飛行機事故が起こる頃だから飛行機に乗せよう。そうすれば、その飛行機が墜落して、死んでしまうであろう」ということを予測して、ある飛行機に乗れと言った。そうしたら、本当にたまたまその飛行機が墜落してしまった。別に爆弾をしかけたなどということではまったくなくて、本当に偶然、雷か何かで飛行機が墜落してしまった。思ったとおりにその人は死んでしまったわけです。死んでしまえと思って飛行機に乗せたら、飛行機が墜落して死んでしまいました。

　この場合、人を殺そうとして、思ったとおり死んでいます。この場合にも殺人罪にあたるのでしょうか。死という結果は生じています。それから飛行機に乗れと言ったことで死という結果が起こったわけですから、因果関係もありそうですし、殺そうという故意もあります。では、殺人罪にあたるのかというと、この場合は実は、殺人罪にはあたりません。なぜあたらないのかというと、飛行機に乗れということは殺人罪の実行行為とはいえないからです。飛行機に乗れと言われて乗って飛行機事故にあう危険性は、今の時代ならば交通事故よりも少ないわけです。事故の確率は低いのですから、今の時代に飛行機に乗れと言っても、それは法益侵害の現実的な危険性のある行為とはいえないということです。たまたま偶然墜落してしまったような場合、結果は発生している、因果関係もありそうだし、故意もある。けれども、一番最初に検討すべき実行行為がないから、それは犯罪不成立ということになるわけです。

　このように、犯罪の成立を考える場合、まず実行行為といえるかどうかから出発するのだと思ってください。逆に、結果から考えると、このよう

な場合、「結果は発生している→飛行機に乗れと言ったではないか→そして墜落した→それに殺そうと思っていた→殺人罪といっていいはずだ」という話になりかねません。そうではなくて、まず実行行為といえるかどうかから問題にしていくのだというわけです。

　また、人を呪い殺してやろうと思って、丑の刻参りとか、わら人形に五寸釘を打ち付けたりして、「あいつが憎たらしい、死んでしまえ」なんてやっていたらなぜか死んでしまった。やっぱり効果があったのだと思っても、これらの行為は、殺人罪にはなりません。わら人形に釘を打ちつけるという行為は、少なくとも現在の科学では法益侵害の現実的な危険性を有する行為だとは考えられていないわけですから、それは実行行為ではないわけです。どんなに死んでしまえと思っても、それは実行行為性がないから犯罪不成立です。

　以上のように、まず実行行為があるかどうかが問題になるということに注意してください。

　さて、実行行為といえるかどうかで問題となる点がいくつかあります。ここでは、2つ紹介しましょう。ケース2が不作為犯、ケース3が間接正犯の問題です。

ケース2　不作為犯

　子どもが川で溺れていたが、そこを通りかかった子どもの父親は、以前から子どものことを憎らしく思っていたので、死んでしまえばいいと考えて助けることなく去っていった。

　不作為犯というのは、どういう場合でしょう。ケース2をみてください。

　子どもがばしゃばしゃと川で溺れている。周りにだれも人がいない。あんなところでどうしたのだろう。かわいそうにな、と思ってよく見てみたらウチの子どもだった。あの野郎、いつも口答えばかりしてとんでもない

キーワード 不作為犯論

不作為犯は、そもそも構成要件自体が不作為の形式を採用する真正不作為犯（たとえば、107条の多衆不解散罪や、130条後段の不退去罪など）と、作為の形式で規定された通常の構成要件が不作為によって実現される不真正不作為犯とがある。実際上・理論上問題になるのは、圧倒的に不真正不作為犯である。そして、不作為犯論の中核を

ヤツだし、ウチにはほかに4人も子どもがいるからまあいいや、それが彼の運命だろうなどといって、立ち去ってしまった。死んでもかまわないと思って放置するわけです。その子どもはかわいそうにも溺れて死んでしまいました。そのお父さんは子どもをナイフで刺したわけでも、首を絞めたわけでも何でもないけれども、子どもは死んでしまいました。いわば、見殺しにしたみたいなものです。このような場合、何もしていないのですが、殺人罪としてもよいのではないかというのが、不作為犯が問題となる場面です。

　たとえば、生まれたばかりの赤ちゃんに食事を与えないで放っておいたお母さんがいて、赤ちゃんは衰弱して死んでしまったような場合も、いわば見殺しにしているようなものです。こういう場合を殺人罪の不作為犯といいます。このように、何もしないこと自体が、実行行為といえる場合があります。不作為も実行行為にあたる場合があるということは覚えておいてください。

　ただし、どういう不作為が実行行為にあたるのかはけっこう難しい問題です。ケース2で、お父さんが川で自分の子どもが溺れているのを助けないというのは、どうもよくないという感じがしますが、単なる通行人が発見して、そしてかわいそうだなぁと思いながらも立ち去って行ったというように、単なる通行人が見捨てたらどうだろうか。それからお父さんが見捨てた場合でも、お父さんが金づちで泳げない、川の流れが急だったので助けられなかったという場合、これはどうなのだろうか。さまざまな場面を想定してみると、不作為も実行行為にあたるといっても、実際にはいろいろな問題があり、多くの議論がなされています。ここではそこに深入りすることはしませんが、一応の結論だけは紹介しておきましょう。

　ケース2でいえば、お父さんが助けなければ、犯罪になりますが、通行人が助けなくても、それは犯罪不成立です。通行人が助けなくても、それ

占めるのは、作為義務の問題である。

は別に殺人罪の実行行為とはいいません。それは助ける義務がないからです。作為義務がない場合は不作為は実行行為にあたらないということになるのです。ただし、お父さんであっても、自分が全く泳げないとか、急流すぎてどうにも助けようがないような場合については、お父さんが何もしない場合でも、不作為犯とはいえない場合があります。それは、作為の可能性がないからです。作為の可能性がない場合にも不作為は実行行為にあたらないということになります。

ケース3　間接正犯

　医師甲は、患者Aを殺害しようとして、何も知らない看護師乙に「これ、いつもの薬ですからAに注射してきてください」と毒入り注射器を渡して指示をした。乙は甲の指示どおりにAに注射し殺害した。

　間接正犯という概念を紹介しておきましょう。ケース3をみてください。

　その医師は、看護師に対しては「これ、いつもの薬ですからAに注射してきてください」と言って頼み、何も知らない看護師はいつもどおり患者のところへ行って、注射をしてしまいます。それはいわば、看護師を利用した殺人です。このように、人間をあたかも道具のように利用した犯罪のことを間接正犯といいます。

　この間接正犯という言葉は覚えておきましょう。他人を利用して、間接的に犯罪を行うというものです。

　「正犯」という言葉はひょっとしたら聞いたことがあるかもしれません。正犯の対概念は共犯ということなのですが、ほんの少しだけ説明します。

　正犯というのはみずから実行行為を行って犯罪を行う者をいい、これに対して、狭義の共犯、これは他人の犯罪に加担する者で、教唆犯（61条1項）と幇助犯（62条1項）の2種類があります。教唆犯は他人に犯罪を
そそのか
唆すこと、幇助犯は手助けすることをいいます。「お前、人を殺してこ

キーワード 間接正犯

正犯には、直接正犯と間接正犯とがあるが、他人の手を介して犯罪を実行する場合を間接正犯という。

い」といって唆すのが教唆犯、それから、「殺人するなら、この拳銃を使えよ」と手助けしてくれるのが幇助犯です。この教唆犯と幇助犯をあわせて狭義の共犯といいますが、これは他人の犯罪に加担する者のことであり、これに対して、正犯はみずからの手で犯罪を実行するものをいいます。

　そして、その正犯の中が直接正犯と間接正犯に分かれる、ということをとりあえずは知っておいてください。直接正犯というのはまさに文字どおり、自分でピストルの引き金を引く、そういうものが直接正犯です。それから他人を道具のように使って犯罪を行う、これが間接正犯です。

　さて、ケース3の場合、その医師は看護師をあたかも自分の道具のように使っているわけです。その行為は、間接正犯として処罰されます。当たり前のようにも思えるかもしれません。しかし、この場合、注射を打って、毒薬を体内に注入したのは、あくまで看護師です。看護師としたら、医師の指示どおりしたのだから、責任がないのではないかなどいろいろ問題は別にあるかもしれませんが、とにかく実際に死に直結する行為を行ったのは看護師です。それにもかかわらず、医師に殺人罪の正犯としての罪責を負わせることができるのはなぜなのでしょうか。医師はあくまで看護師に指示をしただけなのに、なぜ狭義の共犯ではないのでしょうか。それは、ケース3において、医師にとって、看護師が道具のような存在といえるからです。

　たとえば、ピストルの引き金を引く行為が、なぜ殺人罪の実行行為にあたるのか。人に向かってピストルの引き金を引くと弾が飛び出て、飛び出た弾は狙われたとおりまっすぐ飛んでいって、被害者に当たる危険性、可能性が非常に高いわけです。ですから、ピストルの引き金を引く行為というのは、現実的な危険性のある実行行為といえます。それでは何も知らない看護師に、いつもの薬だと言って毒入り注射を渡すとその看護師はどうするでしょうか。いつものとおり、患者のところに行って注射をしてしま

不作為犯の成立要件

> 甲は、前方不注意で、横断歩道を渡っていた乙に気がつかず、あわてて急ブレーキをするも間に合わず、ひいてしまった。甲は、「すぐに病院に連れていかないと死んでしまうかもしれない」と思ったが、自分の将来のことが頭をかすめ、「それでもしょうがない」と意を決し、傷付いた被害者乙をその場に放置したまま、逃げてしまった。乙は、1時間後にその場を通りかかった丙に見つけられ、すぐに救急車で病院に運ばれたが、手当が遅れたため、2時間後、出血多量により死亡した。この場合の甲は、何罪となるか。

　甲は、車で乙をひいてしまっているのであるから、この点については、過失運転致傷罪（自動車の運転により人を死傷させる行為等の処罰に関する法律5条本文）が成立するということには問題ない。問題は、そのまま放置して逃げてしまったために、手当が遅れ、乙が死亡してしまった点が何罪にあたるかである。

　ここで考えてほしいのは、甲が、「すぐに病院に連れていかないと死んでしまうかもしれない」と思ったが、「それでもしょうがない」として、その場を逃げている点である。甲は、人が死ぬことについて、「死んでしまうかもしれない」と思っているのであるから、殺人につき故意（未必の故意）があるといえるだろう。それでは、甲には、殺人罪が成立するだろうか。

　甲に殺人罪が認められるためには、甲が、そのまま放置して逃げたという点が、不作為の殺人罪の実行行為と評価されなければならない。

　ところで、不作為犯とは、不作為によって犯罪が構成される場合をいうが、不作為とは「何もしないこと」であるから、形式的に結果と因果関係の認められる不作為をすべて処罰されるとすると処罰範囲がかなり広がってしまう。本文の中では、溺れている子供を放置している例で説明をした。たまたま、溺れているところを通りかかった人が、急いでいるので助けなかったとしても、それがすべて「人を殺す」行為をしたということにはならない。「何もしないこと」のうちどういう場合が、不作為犯となるのか、それがここでの問題である。この点、作為義務があるかないかが、不作為犯となるかならないかを分けることになる。

　では、作為義務とはいったいどんなものであろうか、作為義務の発生根拠をみ

てみよう。刑法上の作為義務は、道徳上の義務では足りず、法的義務が必要とされている。溺れている人を助けない行為は、道徳的には非難されるが、それだけで刑法上の作為義務違反になるわけではない。また、刑法以外の法律で「法的義務」とされているからといって刑法上の作為業務を基礎づけるとはかぎらない。

　まず刑法上の作為義務の発生根拠としては、①法令の規定に明示されている場合、②契約や事務管理などの法律行為に基づく場合、③慣習または条理（特に先行行為）に基づく場合などがある。

　そして、通説的立場は、①作為義務と、②作為の可能性・容易性の判断に基づいて、作為との構成要件的同価値性が認められる場合に不作為の実行行為性を肯定する。作為との構成要件的同価値性というのは、わかりにくいかもしれないが、これは、たとえば不作為の殺人罪の実行行為性を肯定するには、その不作為の行為が積極的に殺す行為と同視できる事情が必要である、ということである。

　これを、ひき逃げ犯の事例をもとに具体的に検討してみよう。たしかに、ひき逃げ犯には車で被害者をはねたという先行行為が存在する。また、救助することは可能かつ容易であるから、②作為の可能性・容易性は認められるといえる。しかし、単に犯人が被害者を救助せずに逃げた場合（ケースⅠ）には、①作為義務が認められないことが多い。逆に、犯人が被害者を救助しようといったん車に乗せたものの、事件の発覚を恐れてどこかに置き去りにしようとしているうちに死亡させたというような場合（ケースⅡ）において、①作為義務が認められたケースがある。この①作為義務の有無は、殺人罪でいえば、被害者の生命侵害の危険が犯人の作為に排他的に依存しているかどうかも判断要素のひとつであると解されている。

　それでは、排他的に依存というのはどういうことであろうか。これは、ピストルで人を殺そうというときに、狙いをつけられている人の生命侵害は引き金を引くか引かないかという犯人の行為に排他的に依存しているのと同様に、ひき逃げされた人の生命侵害がひき逃げ犯人が助けるか助けないかという犯人の行為に依存しているといえるか、ということである。上述のケースⅠでは、置き去りにされた被害者はほかの通りがかりの人に救助してもらえる可能性が高いのに対し、ケースⅡでは犯人の車に連れ込まれた被害者を救助できるのは犯人だけである。この場合には、被害者の生命はひき逃げ犯が救助するかしないかという犯人の行為に依存しているといえるので、①作為義務が認められるのである。

間接正犯の成立要件

　他人（被利用者）の行為を利用して結果を発生させた場合に、他人の行為を利用した者（利用者）が、狭義の共犯にとどまらず、間接正犯にあたると評価するためには、利用者が被利用者を道具として利用し、犯罪を実現したといえることが必要であると考えられている。

　そこで、以下の要件が必要と考えられる。

① 主観的要件

　　故意のほかに、他人を道具として利用しながらも特定の犯罪を「自己の犯罪」として実現する意思を有していることが必要である。

② 客観的要件

　　利用者が被利用者の行為をあたかも道具のように一方的に支配・利用し、被利用者の行為を通じて構成要件的行為の全部又は一部を行ったことが必要である。

● いかなる場合に間接正犯の正犯性が認められるか

　　　正犯とはみずからの手で構成要件に該当する行為（実行行為）を行う者をいう。

　　　↓

　　　正犯といえるか否かは刑法的評価の問題であり、「みずからの手」で行ったといえるか否かも規範的に考察することが可能である。

　　　↓

　　　他人を利用する場合であっても、その他人を一方的に支配・利用することによってみずからの道具として利用している場合には、規範的にみて「みずからの手」で実行行為を行ったものといえ、正犯と評価しうる（道具理論）。

↓

①の主観的要件と②の客観的要件を満たす場合には、間接正犯として正犯性が認められる。

●間接正犯の類型

間接正犯が成立する場合としては、次のような各種の事態を考えることができる。

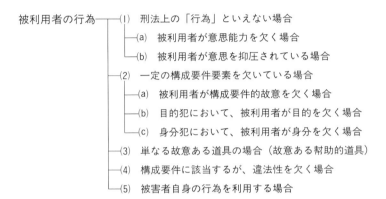

被利用者の行為──(1) 刑法上の「行為」といえない場合
　　　　　　　　　─(a) 被利用者が意思能力を欠く場合
　　　　　　　　　─(b) 被利用者が意思を抑圧されている場合
　　　　　　　─(2) 一定の構成要件要素を欠いている場合
　　　　　　　　　─(a) 被利用者が構成要件的故意を欠く場合
　　　　　　　　　─(b) 目的犯において、被利用者が目的を欠く場合
　　　　　　　　　─(c) 身分犯において、被利用者が身分を欠く場合
　　　　　　　─(3) 単なる故意ある道具の場合（故意ある幇助的道具）
　　　　　　　─(4) 構成要件に該当するが、違法性を欠く場合
　　　　　　　─(5) 被害者自身の行為を利用する場合

＜重要判例＞

★（最決昭58.9.21）百選Ⅰ［74］（第8版）

12歳の養女を連れて四国の霊場めぐりをしていた被告人は、日頃被告人の言動に逆らう度に顔にタバコの火を押し付けるなどして意のままに従わせていた同女に窃盗を命じた。このため、同女は嫌々ながら13回も窃盗を実行せざるをえなかったという事案である。最高裁判所は、たとえ同女が是非善悪の判断能力を有していたとしても、自己の日頃の言動に畏怖し意思を抑圧されている同女を利用した本件では、窃盗罪の間接正犯が成立するとした。

う、その可能性がきわめて高いわけです。まさにそれは、鉄砲の弾と同じ動きをするということができます。看護師は何も知らないわけですから、そのまま突き進んでしまって、法益を侵害する。これはあたかも鉄砲の弾と同じではないかという発想です。このように、他人を道具として利用するという考え方を道具理論とよんでいます。

　たとえば、ピストルで狙って撃った。ところが、そのピストルの弾丸が飛んでいく途中で、何か意思をもって（そんなことはありえないけれど）、その弾丸自身が「まずい、このままいくと人に当たっちゃう、まずい、まずい」と思いながら、自分の意思でぐ〜っとずれて外れたとか、そういう特別なピストルの弾ならば引き金を引いても、別に危険とはいえないかもしれません。

　同じように、看護師が注射器を渡されたときに、これは毒入りなんだと気がついた場合なら、「まずいなぁ、こんな毒入りのものを注射したら、犯罪になっちゃう」といって、注射をやめてしまう。でも、何も知らなければそのまま突き進んでしまって、あたかもピストルの弾丸と同じではないか、というわけで、看護師を道具のように考えることができるのです。

　このように、ケース3の医師は、看護師の動作や行為をあたかも道具として自己の犯罪に利用したのですから、規範的な評価の問題として、みずから手を下したのと同じように評価されるので、これを正犯、しかも他人を道具のように利用するので、間接的であることから間接正犯とよんでいます。

②結果

　実行行為が行われたら、次に結果が発生するかどうかが問題になります。

　結果の発生を要求する犯罪のことを結果犯といいます。殺人罪とか窃盗罪はすべて結果犯です。これに対して、結果の発生を必要としない、一定の行動をするだけで犯罪となるものもあります。それらは、挙動犯といい

ます。たとえば、偽証罪というのは、宣誓した証人が偽りの証言をするだけで偽証罪が成立します。

③因果関係

　次は因果関係です。結果が発生したならば、その結果が行為者の行為、実行行為によって引き起こされた結果かどうかということを検討します。これが因果関係の問題になります。因果関係の有無を考えるためには、２つの要素を検討します。１つは条件関係とよばれるものです。これはとても重要ですので覚えましょう。

　この条件関係とは何かというと「あれなければこれなし」という関係のことです。たとえば、犯人がピストルの引き金を引かなければ、その被害者は死ななかったであろう、という関係です。ただ、ピストルの引き金を引いたにもかかわらず弾丸が外れてしまって、たまたまそのときに大地震があって被害者が死んでしまった、ということになった場合には、別にピストルの引き金を引いたために被害者が死んだわけではない。たしかに、そのときに死んだのかもしれないけれども、それは地震で死んだのであって、この場合には「あれなければこれなし」の条件関係がないということになります。そもそも条件関係が認められない「結果」は、その犯人の行為によって引き起こされた「結果」ではないわけですから、当然犯人の責任にはできません。条件関係がなければいけないというのは、割とイメージをもちやすいと思います。

　それでは、「あれなければこれなし」という条件関係があればすべて本人の責任にしてしまっていいのか、ということが問題になります。

　たとえば、ピストルの引き金を引いたら被害者にあたって、足にけがをした。けがをしたので救急車に乗せられて病院に連れて行かれた。ところが、その病院の医者がとんでもなく悪い医者だったので、「あ、こいつはいい実験材料がきた」と言って何かの実験台にされて、それで失敗して死

んでしまった、というような場合があったとします。そうすると、その犯人がピストルの引き金を引かなければ、その被害者は足にけがをすることもなかったし、ひいては、この悪い医者の実験台にされることもなかったということになります。そのような条件関係があるからといって、結果についてまで常にこの犯人に殺人既遂の責任を負わせることがいいのかという問題が出てきます。

　「それはちょっと違うんじゃないの、それはその悪い医者が実験台にして殺したのが悪いのであって、その犯人がピストルを撃ってけがをさせて、足に軽い傷を負わせたぐらいで殺人既遂にしてしまうのは、おかしいじゃないか」という考え方が、当然出てくるわけです。ただ、この場合であっても、犯人がピストルを発射して、足にけがをさせなければ病院に連れて行かれなかったわけですから、条件関係はあります。条件関係はあるのだけれども、それを果たして殺人既遂にしてしまっていいのか、やはりよくないのではないか、ということで、そこで更に絞り込みをしていくのです。

　その絞り込みとして、条件関係があればただちに因果関係ありとするのではなく、それに加えて、実行行為の危険が結果へと現実化したといえることまで必要であるという考え方があります。この考え方のことを、危険の現実化説とよびます。これが通説の考え方といってよいでしょう。因果関係があるといえるためには、条件関係のみならず、危険の現実化が必要だ、ということもあわせて覚えておいてください。

　では、なぜ危険の現実化という形で絞りをかけていく必要があるのでしょうか。理論的な説明が非常に困難な部分ですから深入りはしませんが、ここで、実行行為は、法益侵害の現実的危険という実質を有している必要があったことを思い出しましょう。実行行為をこのように定義づける以上、その危険が実際に結果へと現実化したといえる場合にかぎり罪責を負わせることが可能であるといえるでしょう。

因果関係

　因果関係の存否を判断するには、まず、行為と結果との間に条件関係が存在することが前提とされる。そして更に、条件関係の存在のほかに、法的な観点から因果関係に絞りを加えるかについて争いがある。この点、因果関係が認められるためには条件関係の存在を前提として、実行行為の危険が結果へと現実化したといえることが必要であると解する立場（危険の現実化説）が通説となっている。

(1)条件関係があること

　条件関係とは、「Aがなかったならば、Bもなかったであろう」という関係をいう。

(2)実行行為の危険が結果へと現実化したといえること

　条件関係の存在のほかに、法的な観点から因果関係に絞りを加えるかの争いにおいて、判例の立場に立った場合、実行行為の危険が結果へと現実化したといえることが必要になる。危険の現実化が認められる類型は、大きく２つに分けることができ、事案の分析にも有益であるから、以下に整理しておく。

☆直接実現類型

　　実行行為のもつ危険が直接的に結果へと現実化した類型

☆間接実現類型

　　実行行為のもつ危険が介在事情を通じて間接的に結果へと現実化した類型

　直接実現類型では、介在事情が存在しないか、存在したとしても結果への寄与度が小さいことから、危険の現実化が認められることとなる。一方、間接実現類型では、介在事情の結果への寄与度が大きいことを前提として、介在事情自体が実行行為によって誘発され、または、実行行為者の創出した危険な状況が結果の発生に影響していることから、危険の現実化が認められることとなる。

　こうした分類をすることによって、実行行為のもつ危険が介在事情を通じて間接的に結果へと現実化した事案であって、実行行為が介在事情を誘発したわけではなく、実行行為者の創出した危険な状況が結果の発生に影響したわけでもない場合にのみ、危険の現実化が否定され、因果関係が認められないと分析することができる。

なお、近時の判例は危険の現実化説を採用していると評価されており、学説もこれを支持するものが多いとされていますが、以前は通説的な地位を占めていた伝統的な学説として、相当因果関係説というものもあります。危険の現実化説を理解することが大切ですから、相当因果関係説に関する詳細な説明はここでは省きますが、勉強を継続していれば、必ずまた耳にすることになるでしょう。

以上のところまでが構成要件の客観面です。客観的構成要件要素とよばれるものには実行行為、結果、因果関係というものがあるということ、これは絶対に覚えておいてください。

(3) 主観的構成要件要素

①構成要件的故意

さて、客観面をすべて満たしたら、次に主観面をみていきます。

まずは、構成要件的故意です。

さて、故意という概念が出てきました。故意とは、犯罪事実、より具体的にいえば、客観的構成要件要素に該当する事実を認識・認容していることです。認容というのは、それでもかまわないと思うことです。客観的構成要件要素に該当する事実を認識・認容していること、これは構成要件段階で検討しますので、構成要件的故意というふうにいいます。

もう少し具体的にいえば、先ほどからのピストルによる殺人の客観面は何かというと、「ピストルの引き金を引く」、「人が死ぬ」、「その死という

キーワード 因果関係論
行為者の行った危険な行為（たとえば、ピストルで弾丸を発射する行為）と現に生じた結果との間の「原因と結果」とよべる関係のこと。

のは、自分が引いたピストルの弾によるものである」という因果関係、の
３つです。その３つをすべて認識・認容していること、それを構成要件的
故意といいます。

　客観的な構成要件要素に該当する事実を認識・認容していること、それ
を構成要件的な故意があるというふうにいいます。

　ですから、故意があるかどうかの検討は、構成要件の客観面の検討の次
の段階です。構成要件の客観面が充足されて初めて、構成要件的故意の検
討に入るということになります。

　このように、犯罪の成立要件の検討というのは、まず客観から入って、
次に主観にいきます。客観から主観へという流れ、これはとても大切です。
しっかりと覚えておきましょう。構成要件的故意は客観面の後に検討すべ
き事柄ですから、客観面が満たされていないかぎり故意があるとは正確に
はいえません。

　たとえば、わら人形に五寸釘を打ちつけて、死んでしまえと思っている
としても、その人に故意がある、構成要件的故意がある、とはいいません。
なぜ構成要件的故意があるとはいわないのか。それはそもそも実行行為が
ないからです。実行行為があって、そして、その事実を認識・認容して初
めて故意があるということになります。実行行為がなければ、いくら死ね
とか殺してやるとか思っていても、それを故意とはいいません。殺意はあ
るかもしれませんが、刑法上の概念である構成要件的故意があるとはいわ
ないのです。厳密な意味で故意があるということは、客観面が満たされた
後の話だということを、ぜひ注意しておいてください。

②構成要件的過失

　さて、過失というのは、不注意によって構成要件的事実の認識・認容を
欠いて一定の作為・不作為をすることをいいます。現時点では過失といわ
れたら不注意と思っていてもらえればいいです。

刑法は、故意犯というものを原則にしています。38条1項本文をみてください。ここには故意犯が原則だということが書かれています。

　　　▶▶▶第38条1項
　　　罪を犯す意思がない行為は、罰しない。ただし、法律に特別の規
　　　定がある場合は、この限りでない。
　　　〈以下　略〉

　「罪を犯す意思がない行為は罰しない。ただし、法律に特別の規定がある場合は、この限りでない」と書いてあります。罪を犯す意思、これのことを故意といっているわけです。故意のない行為は罰しない。ただし、法律に特別の規定がある場合には罰せられます。この特別な規定として過失犯を処罰するという規定があるのです。よって、法律に過失犯も処罰するという規定がないかぎりは、罰せられないということです。故意が原則であり、過失の場合は、過失を処罰する規定がなければ処罰されないということを知っておいてください。

　たとえば、人を殺した場合でいえば、殺人の故意がある殺人罪が原則です。殺人については故意がなくても処罰するという過失致死罪という210条の条文があります。だからうっかり人を殺してしまっても処罰されます。235条の窃盗罪は故意犯です。つい、うっかり人の物を盗んでしまった、過失で人の物を盗んでしまった。これは処罰されません。なぜなら、条文がないからです。このように、過失は処罰されるべきものだけが例外的に条文に書かれているのです。

　　　▶▶▶第210条
　　　過失により人を死亡させた者は、50万円以下の罰金に処する。
　　　▶▶▶第235条
　　　他人の財物を窃取した者は、窃盗の罪とし、10年以下の拘禁刑又
　　　は50万円以下の罰金に処する。

(4) まとめ

さて、以上が構成要件の話です。

構成要件のところでは、基本的には、まず①実行行為、②結果、③因果関係、そして④構成要件的故意という順番で検討することになります。これらをすべて満たして初めて、殺人罪などの構成要件に該当するということがいえることになるわけです。

このように、殺人罪の構成要件に該当すれば原則として違法ですが、例外的に違法性が阻却される場合があるのではないか、という話が次の違法性阻却の問題です。

錯誤

　次の事例で甲はそれぞれ何罪になるだろう。まずはあなたの常識で考えてみよう。

【事例１】
　甲は、Aを殺そうとして、Aだと思って殺したところ、実はBだった（このような錯誤を「客体の錯誤」とよぶ）。

【事例２】
　甲はAを殺そうとして、Aを狙って発砲したところ、AのそばにいたBに命中し、Bを殺してしまった（このような錯誤を「方法の錯誤」とよぶ）。

　本文でも指摘したとおり、故意がなければ故意犯は成立しない。では、これらの事例も故意犯は成立しないか。
　犯罪事実について、行為者の表象したところと、実際に発生したところが食い違う場合を構成要件的錯誤という。構成要件的錯誤があるときは、構成要件的故意が阻却されるかどうかが問題となる。
　これらの錯誤があった場合における構成要件的故意の有無を定める基準として、以下のような学説の対立がある。

☆具体的符合説
　　故意を認めるためには、行為者の表象したところと、現実に発生したところとが、具体的に符合することを要するとする見解。

☆法定的符合説
　　構成要件の範囲内で表象と事実との符合があれば故意が認められるとする見

解。

☆抽象的符合説

　　構成要件の枠にとらわれず、表象と事実の抽象的符合があれば故意が認められるとする見解。

【事例1】の場合
☆具体的符合説
　　　殺人既遂罪
　　　　理由：「その人」を殺そうとして現実に「その人」を殺しているから。

☆法定的符合説
　　　殺人既遂罪
　　　　理由：およそ「人」を殺そうとして現実に「人」を殺しているから。

【事例2】の場合
☆具体的符合説
　　行為者の表象した事実についての故意犯の未遂と、発生した事実についての過失犯の競合があるとされる。
　　Aに対する殺人未遂罪とBに対する過失致死罪との観念的競合とする。

☆法定的符合説
　　行為者の表象した事実と発生した結果が同一構成要件内で符合しているので、Bに対する故意を認め殺人既遂罪が成立する。
　　法定的符合説に立った場合でも、Aに対する関係の処理につき、争いがある。数故意犯説と、一故意犯説の争いがある。判例は数故意犯説に立つ。これによると、甲にはBに対する殺人既遂罪のみならず、Aに対する殺人未遂罪も成立する。

理解度クイズ②

1 次のうち構成要件要素でないものはどれか。

   ① 実行行為

   ② 結果

   ③ 因果関係

   ④ 構成要件的故意

   ⑤ 期待可能性

2 ３歳の子どもＡが川で溺れていたが、そこを通りかかったＡの父親Ｂは死んでしまえばいいと思って助けることなく家に帰ってしまった。この事例は、何に関する問題か。

   ① 間接正犯

   ② 不真正不作為犯

   ③ 不能犯

3 間接正犯といえるのはどれか。

   ① 大学の友人を唆し、恋人を殺させた

   ② 医者が患者に故意に毒薬を与えた

   ③ 医者が事情を知らぬ看護師に命じ毒入り注射を患者に打たせた

4 刑法における「条件関係」とはどういう関係をいうか。

① 「あれなければこれなし」の関係

② 「あれがくればこれこない」の関係

③ 「あれあればこれある」の関係

④ 「あれよければこれよし」の関係

5 刑法における「故意」とはどういう意味か。

① 客観的構成要件要素に該当する事実を認識・認容していること

② 犯罪を実行する悪い意思

③ 不注意により、犯罪事実の認識または認容を欠いて、一定の作為・不作為をすること

6 刑法における「過失」とはどういう意味か。

① 不注意により、犯罪事実の認識または認容を欠いて、一定の作為・不作為をすること

② 誤って火災を起こすこと

③ 客観的構成要件要素に該当する事実を認識・認容していること

④ 不注意に基づく犯罪の実現

※解答は巻末

❷違法性

(1) 違法性阻却

　構成要件に該当すれば原則として違法性が推定されることになります。なぜ推定されるのでしょうか。構成要件というのは違法行為を類型化したものだからです。構成要件が違法・有責行為類型なので、これに該当すれば原則として違法ということになります。

　それは若干トートロジー（同義反復）のような気がするかもしれませんが、イメージはもてるでしょうか。世の中で違法といわれるものを構成要件としたから、構成要件に該当すれば原則として違法なのです。ただし、個別の事情に着目すると正当防衛や治療行為など、例外的に違法性が阻却される場合があります。

(2) 違法性の本質

　さて、その違法性阻却の問題を検討する前に、およそ違法というのはどういうことなのか、少し抽象的な議論をします。違法の本質（実質）論です。

　犯罪とは、法律に犯罪と定められている行為です。では、なぜ法は一定の行為を犯罪として処罰するのでしょうか。それは悪い行為だからです。それでは悪いというのはどういうことなのか。この点については、大きく分けると次の2つの考え方があります。この違いが、刑法のさまざまな解釈の場面での対立となってあらわれてくる重要な違いですから、ここで両方の立場を説明しておきましょう。

　まず、国民の具体的な法益が侵害されることが違法性の原点だと考えて、違法とは法益侵害またはその危険をいうとする説、これを法益侵害説などといいます。

もう1つは、違法とは法規範に違反すること、すなわち法に違反することとか、規範に違反することと考える説です。このような考え方をまさに文字どおり法規範違反説などとよんでいます。違法とは法規範に違反することだという考え方です。

　違法とは法益を侵害することだという説明の仕方と、違法とは法規範に違反することだという説明の仕方の2通りの考え方があるのです。

　ただ、この法規範に違反することだというのは、法に違反することが違法だといっても何の説明にもなりませんから、法規範違反とは何かと聞かれたときには、道義秩序違反とか、文化規範違反、社会的相当性欠如とか、そんな言い方をしたりします。これらの言葉は少し面倒なので、今は覚える必要はありませんが、どこかで出てきたときに、これは違法の本質に関わる話なんだということぐらいはわかるようにしておいてください。

　たとえば、人を殺すのがなぜ違法なのかというと、それは生命という法益を侵害するからだというのが法益侵害説の説明です。そうではなくて、人を殺してはならないという法規範に違反するから違法なのだと考えるのが、法規範違反説の説明の仕方です。その場合の法規範とは条文ではなく、条文の背後にあるいわば社会秩序を形づくっているような抽象的な倫理規範、道義上の規範といってもよいものをさします。このような条文の背後にある社会秩序規範のようなものに違反するから違法だと考えるわけです。

　すなわち、世の中には199条という条文がなくても人を殺すことはよくないという規範があるだろうということです。規範というのは、要するに人間社会のルールのことです。条文にするまでもないような人間社会のルールのようなものが、条文の背後にあるはずだと考えます。

　ですから、法規範違反説で注意しなくてはいけないのは、そこでいう法規範というものが条文そのものではなく、条文の背後にある文化規範や道義秩序規範、または社会倫理規範や条文を作る前提となる世の中の秩序み

たいなものだということです。そういうものに違反することを違法といっています。

このように、違法性の本質には、2つの考え方があります。すなわち、違法を法益侵害ないしその危険と考える法益侵害説と、違法を法規範に違反することと考える法規範違反説です。後者の法規範違反説のほうが通説・判例の見解です。

このような考え方の対立があるということは、大切なのでぜひ覚えておいてください。

(3) 結果無価値と行為無価値

さて、このような法益侵害説と法規範違反説との対立は、解釈論上では主として「違法性は純粋に客観的に決まるのか、主観的事情や倫理も関係するのか」という形に変容されて争われます。その議論の中では、結果無価値、行為無価値という言葉を用いて説明がなされることになります。結果無価値と行為無価値、初めて耳にする言葉だろうと思いますが、ここは違法性そのものの実質に関わり、さらには構成要件の理解にも影響を及ぼすような刑法理論の中核となる重要な論争点ですから、しっかりイメージがつかめるようにしておく必要があります。

結果無価値論と行為無価値論は、違法性の本質を理解するにあたって、結果が無価値だから違法なのか、行為が無価値だから違法なのかという考え方の対立です。違法性とは、構成要件に該当する行為が法的に許されない性質をもつことを意味しますが、その行為がなぜ法的に許されないのか、つまり違法と評価できるのかを説明するための議論です。

ここでいう「無価値」とは、「価値がない」という意味ではなく、マイナスの価値、すなわち「悪い」という意味あいです。ですから、簡単に言えば、悪い結果を発生させた行為だから違法とするのが結果無価値論で、

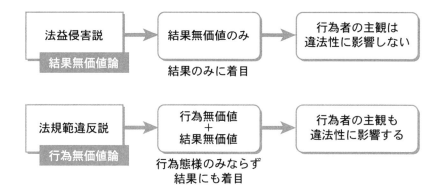

悪い行為をしたから違法とするのが行為無価値論ということになります。

　この「無価値」という概念も、やはりドイツ語の直訳です。結果無価値と行為無価値の概念については、どうもよくわからないという悩みや質問をよく受けるのですが、これは「無価値」というと私たちの日常の語感からは「価値がないこと」として理解されやすいことにも一因があります。ですから、「無価値」とはもう外国語だと思ってください。日常の日本語のように「価値がない」なんて考えたりすると、刑法上無意味とされる行為を違法論でなぜ議論するのだろうと、混乱してわけがわからなくなります。「価値がない」のではなく、「悪い価値がある」という用い方をしている点に注意してください。

　ですから、最近では「無価値」ではなくて、結果反価値と行為反価値というように、価値に反するという意味で「反価値」という言葉が使われることもあります。「ハンカチ」という語呂は一般的ではないのですが、結果無価値と行為無価値は価値侵害として捉えたほうが理解しやすいので、積極的に価値秩序としての法に「違反」するという意味を込めて「反価値」という言葉を用いるほうが実体に即していて妥当だからです。

　ただ、「無価値」という言葉は定着していますので、本書では、「無価

値」という言い方を採用します。

　ここでの結果無価値論と行為無価値論の対立は、結果がよくないから違法なのか、行為態様がよくないから違法なのかというものです。すなわち、その行為が法益侵害というよくない結果を引き起こすから違法なのか、それともその行為が社会規範に違反する行為だから違法なのかという対立ですから、前者の結果無価値論というのが法益侵害説につながり、後者の行為無価値論というのが法規範違反説につながるということをまず押さえておきましょう。

　この法益侵害説と結果無価値論および法規範違反説と行為無価値論は、それぞれほぼ同義だと思ってかまいません。同じことをアプローチを変えて説明しているだけです。前頁の図で、これらをほぼ重ねて書いておいたのは、これらがほぼ同じだからです。

　結果無価値・行為無価値というのは、行為と結果のどちらに着目して違法性を説明するかということです。

①法益侵害説（結果無価値論）

　法益侵害説の立場は、法益侵害をしたから違法だと考えます。このように、法益侵害というのは悪い結果で、その結果を引き起こしたから違法だという「結果」に着目して違法性を説明するので、結果無価値論というような言い方をします。法益侵害の有無は客観的に決まりますから、この立場からは、違法性判断も客観的になされるということになります。そして、故意犯と過失犯とでは、たとえば人が死んだという法益侵害の結果において差異はないから、違法性の程度は同じです。また、「結果」の側面だけに着目して、行為者の「行為」の側面は考慮しませんから、故意犯や過失犯などの犯人の主観面には一切着目していないわけです。

　したがって、行為者の主観は違法性に影響しません。それが結果無価値の考え方になるわけです。故意犯と過失犯の違法性の程度を区別しないと

いうことは、行為者の主観は違法性に影響しないことを意味しているということになるわけです。

②法規範違反説（行為無価値論）

　これに対して、法規範違反説の立場は、法規範に違反する行為をしたから違法だと考えます。このように、「行為」に着目して、法規範に違反するような悪い行為をしたのだから違法だという説明の仕方をするので、法規範違反説は行為無価値論ともいわれます。この立場は、違法性判断に際して結果のみならず、行為者の意思内容や行為態様などといった主観的事情をも考慮します。

　このように、悪い行為、悪い内心が違法性の主要な要素であると考え、行為は行為者の主観に左右されますから、この主観も違法性に影響するというわけです。この主観というのは簡単にいえば、故意・過失です。故意とか過失とかいう行為者の主観が違法性に影響するというのが、行為無価値論の考え方になります。

　すなわち、故意犯と過失犯では違法性の程度が違うと考えるわけで、まさに故意か過失かという行為者の主観、心の中の状態が、違法性に影響を及ぼすということになるのです。

③結果無価値論・行為無価値論のアプローチの仕方

　では、もう少し具体的にみていきましょう。たとえば、殺人罪についてみると、ピストルの引き金を引く行為をし、弾が発射され、人が死ぬという結果が生じたとします。そのときに、その行為がなぜ違法なのかを説明する場合で考えてみましょう。

　このときに、人が死んだから違法なんだという結果から説明していく立場が、結果無価値論です。これに対して、ピストルの引き金を引くという人を殺すような危険な行為をしたから違法なんだという説明の仕方をする立場が、行為無価値論ということです。このように、犯罪の違法性を結果

のほうから説明するのか、行為のほうから説明するのか、両者は異なるアプローチの仕方をするのだということを、まず理解してください。それが結果無価値論・行為無価値論という2つの考え方になります。

　このように、結果無価値論という考え方は、違法性は法益侵害という「結果」の側面だけを考慮に入れます。「結果」だけに着目をしていきますから、犯人がどのようなつもりで殺そうとしたのか、どのようなつもりでピストルの引き金を引いたのか、そういったことは一切考えません。およそ人が死んだという結果だけに着目します。したがって、人が死んだという結果だけから違法性を考えますから、犯人がわざと人を殺そうとしてピストルの引き金を引いたのか（故意犯の場合）、ピストルの手入れをしていて暴発したために人が死んだのか（過失犯の場合）、そんなことは一切考慮しません。そして、結果無価値論は、およそ人が死んだという法益侵害の「結果」の無価値だけで違法性を判断しますから、違法性の程度において故意犯と過失犯で同じだと考える立場といえます。

　もう少し説明すると、撃ち殺すつもりで故意をもってピストルを発射して殺した故意犯の場合と、手入れをしていたら、ピストルの弾が暴発してしまってついうっかり人を殺してしまった過失犯の場合には、どちらも人が死んでいるので、人の死という結果は同じです。

　すなわち、人の死という法益侵害の「結果」には差異がありませんから、違法性は同じだと考えるのです。このように、故意犯と過失犯は、違法性の段階において両者に差異はなく同じだと考える立場が結果無価値論からの帰結となります。

　これに対して、行為無価値論の立場は法規範に違反する「行為」をしたから違法だと説明するわけです。ここにいう法規範に違反する「行為」とは、まさに人に向かって死んでしまえとピストルの引き金を引く行為をいいます。この立場は、違法性判断に際して法益侵害の「結果」だけでなく、

その「行為」に着目しますから、犯人がピストルの引き金を引くときにどのような思いでその引き金を引いたのか、故意でやったのか、過失でやったのかという行為態様に着目をしていくことになります。結果のみならず行為態様にも着目するというのは、故意犯か過失犯かといった行為者の主観面にも着目をすることを意味します。ですから、行為無価値論の立場からは、その「行為」について、殺そうと思って引き金を引く行為と、ついうっかり引き金を引く行為とでは、やはり法規範に違反する程度が違うはずだと考えることになるのです。どちらが悪いかと考えれば、殺そうと思って殺すほうがより悪いだろうということなのです。

　言い方を変えるなら、行為無価値論の考え方では、故意犯と過失犯で違法性の程度が異なると考えています。このように、故意犯と過失犯は、違法性の程度が異なり、違法性の段階で両者を明確に区別する立場が行為無価値論です。

　以上のように、故意犯と過失犯は違法性の程度が同じだというのが結果無価値論、故意犯と過失犯では異なると考えるのが行為無価値論の考え方だということをイメージしておいてください。このような結果無価値・行為無価値の対立は、刑法総論のいたるところに出てくるとても重要な問題ですから、骨格だけはしっかり理解しておいてください。

　なお、日本の刑法の解釈において主張される行為無価値論というのは、違法性判断において行為無価値のみではなく結果無価値をも考慮しているということに注意してください。これが通説の立場です。

　ですから、厳密にいえば、法益侵害説は結果無価値のみに着目します。それから法規範違反説は行為無価値のみに着目をするけれども、日本の行為無価値論の立場は、結果無価値と行為無価値との両方を考えます。もちろん中心は行為無価値論です。ですから、行為のほうから着目をするけれども、なぜその行為が法規範に違反するのかというと、法益侵害を引き起

こすような行為だからともいっている。そのかぎりでは法益侵害ということも問題にします。

したがって、ピストルの引き金を引くという行為が法規範に違反するからダメだというのは、ピストルを引く行為がなぜ悪いのか、それはピストルの引き金を引くことは法益侵害を引き起こすような行為だから、それは法規範に違反する、という説明になります。このように、法益侵害を引き起こすような行為だからという意味では、法益侵害にもきちんと着目はしています。

もう少し別の言い方をすれば、法益侵害をまったく考慮せずに行為だけを処罰しようとは考えていないわけです。いわゆる法益侵害を引き起こす危険がある行為だから、法規範に違反するという説明の仕方をするかぎりでは、結果無価値も考慮しているのだと思ってください。

このように、行為無価値のみならず結果無価値をも考慮して考えていくというのが判例・通説の考え方です。刑法の学説の対立がもっとも激しいのは、この違法とは結果無価値論なのか、行為無価値論なのかというところです。判例・通説は、この行為無価値論中心の考え方を採っているということを理解しておいてください。

(4) 違法性阻却の根拠

さて、次に例外的に違法性が阻却される場合のことを考えていきましょう。判例・通説である行為無価値という考え方をベースに考えていきます。

まず、なぜ違法性が阻却されるのでしょうか。

およそ、構成要件に該当しながら違法性が阻却されるのは、その行為が実質的違法性を有しないからにほかなりません。そして、何をもって実質的違法性というかは、前述したとおり争いがあるのですが、判例と同じく行為無価値論の立場に立って考えてみます。

キーワード 正当防衛の正当化根拠

正当防衛の正当化根拠についてはさまざまな学説がある。たとえば、すでに触れた行為無価値の立場からは、正当防衛にあたる行為は社会的に相当な行為であることにより正当化されるなどと説明される。また、結果無価値の立場からは、正当防衛にあたる行為が、侵害した法益に優越する別の利益を保全したから正当化されるなどと説明

そうすると、社会的相当性を逸脱した法益侵害またはその危険をもって実質的違法性と考えることになります。そこで、ある行為が特定の犯罪の構成要件に該当していても、その行為が社会的相当性の範囲内にあれば、すなわち社会倫理秩序の枠内にあれば、違法性がないといってもよいのです（社会的相当性説）。

　たとえば、先ほども例に出した正当防衛（25頁）は、なぜ違法性が阻却されるのでしょうか。それは自分の身を守るためにやむをえず正当防衛をしたのだから、社会的に相当として許されます。だから違法性が例外的にないわけです。たとえば、お医者さんが治療行為をして患者の体を傷付ける。それは、たしかに、傷害罪の構成要件に該当するかもしれませんが、なぜ違法性が阻却されるのかといえば、治療行為は社会的に相当だからだという説明の仕方をします。

　したがって、社会的に相当性を有する行為を類型化したものが違法性阻却事由とよばれるものになります。

（5）違法性阻却事由の種類

　では、どういう違法性阻却事由があるのかをみてみましょう。

　まず、それらを大きく分けると、正当行為と緊急行為に分かれます。正当行為が3つ、緊急行為が3つと、3つ3つで分かれます。これはとても重要です。

　正当行為ですが、まず35条という条文をみましょう。

　▶ ▶ ▶第35条
　法令又は正当な業務による行為は、罰しない。

　正当行為は35条という条文に書いてあります。「法令又は正当な業務による行為は、罰しない」とあります。罰しないというのは違法性が阻却されて罰しない、犯罪不成立ということです。法令、正当な業務による行為

される。

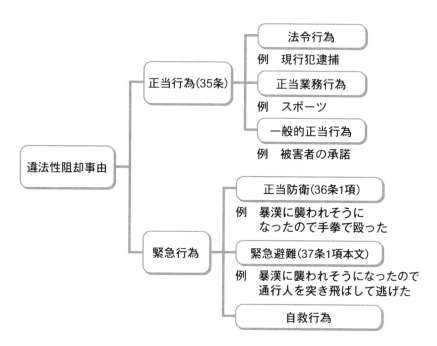

なので、法令行為、正当業務行為といいます。具体例でそれぞれイメージ
をもてるようにしましょう。

それから、条文には書いてありませんが、一般的正当行為として、たと
えば、被害者の承諾によっても違法性が阻却される場合があります。

それから、緊急行為、これはまさに緊急事態でやむをえないために社会
的に相当だといわれるものです。緊急行為に属する事由としてはまず正当
防衛が大切です。たとえば暴漢に襲われそうになったので、手拳で殴った
というように、自分が襲われそうになったので、やむをえず反撃をするよ
うなものが正当防衛です。

すなわち、不正な行為に対しての反撃を正当防衛といいます。36条をみ
てください。

キーワード **必要性・相当性**
36条1項の「やむを得ずにした」の意義
は、必要性・相当性をいうとするのが一
般的であるが、そこでいう必要性・相当
性の意味については争いがある。

▶▶▶第36条
①急迫不正の侵害に対して、自己又は他人の権利を防衛するため、やむを得ずにした行為は、罰しない。
②防衛の程度を超えた行為は、情状により、その刑を減軽し、又は免除することができる。

▶▶▶第37条
①自己又は他人の生命、身体、自由又は財産に対する現在の危難を避けるため、やむを得ずにした行為は、これによって生じた害が避けようとした害の程度を超えなかった場合に限り、罰しない。ただし、その程度を超えた行為は、情状により、その刑を減軽し、又は免除することができる。
②前項の規定は、業務上特別の義務がある者には、適用しない。

36条1項には「急迫不正の侵害に対して、自己又は他人の権利を防衛するため、やむを得ずにした行為は、罰しない」と書いてあります。急迫不正の、この不正という言葉はしっかり覚えておいてください。不正の侵害に対する反撃のことを正当防衛というのです。

では、緊急避難とは何なのでしょうか。37条1項本文をみてください。たとえば、暴漢に襲われそうになったので、通行人を突き飛ばして逃げたような場合、このとき通行人に対してした行為が緊急避難になりうるということです。通行人を突き飛ばして逃げていますから、通行人に対しては暴行罪、傷害罪などの構成要件に該当する行為をやっているわけです。人を突き飛ばしてけがをさせることは、傷害罪にあたります。ですから、暴漢に襲われそうになった。隣に通行人がいたものだから、そのままぱっと逃げられないので、その人をど〜んとどついて、突き飛ばして自分は助かったが、突き飛ばされた通行人がけがをしてしまった。この場合、通行人を突き飛ばす行為は、これによってけがをさせており、傷害罪の構成要件に該当します。

キーワード 緊急避難の正当化根拠
緊急避難の正当化根拠については、違法性阻却事由説、責任阻却事由説および二分説が対立しているが、違法性阻却事由説が通説である。

しかし、それは緊急やむをえない状態で避難するために行った行為として違法性が阻却されます。この場合、突き飛ばされた通行人は、別に悪いやつではありません。正です。正というのは、違法でないという意味です。ですから、緊急避難は相手方が正のとき、正当防衛は相手方が不正のときということになります。

　そして、自分自身は違法性が阻却されて正ですから、正当防衛のことを正対不正の関係といいます。違法性が阻却されて自分は正、相手方が不正ですから、正対不正です。これに対して、正対正が緊急避難ということになります。

　緊急避難について、具体例では暴漢に襲われそうになったので、と書きましたが、そういう状況にかぎりません。突然崖が崩れそうになった場合やブロック塀が崩れそうになったので、隣の人を突き飛ばして逃げた場合でもかまいません。いずれにせよ、そのやられてしまった相手方が正のとき緊急避難の問題になるということです。

　それから自救行為です。これは条文はありません。けれども、例外的にみずからを助ける自救行為というのも、許される場合があります。たとえば、街を歩いていたら、ひったくりに遭い、自分の持っていたサイドバッグをぱっとひったくられてしまった。「ちょっと待て〜」と言って、ほんの数メートル追いかけていって取り戻した場合です。その取り戻した行為というのが、場合によっては窃盗になったりします。バッグは、いったん取られてしまったので相手の占有になってしまいました。その犯人が占有しているバッグを奪ったわけですから、それは窃盗の構成要件に該当する可能性があるわけです。

　相手の占有を奪っているわけだから、窃盗の構成要件に該当するかもしれません。しかし、そういう緊急事態でみずからを助ける自救行為も、場合によっては違法性を阻却しましょうということです。これは条文はあり

ません。緊急的に自救行為として違法性が阻却される場合もあると思っておいてください。

以上３つを覚えておいてください。だいたいイメージをもてますか？特に、正当防衛と緊急避難の区別をつけられるようにしておきましょう。

それでは、具体例をみていくことにしましょう。

ケース４

甲は、乙が木刀を振り上げて頭めがけて振り下ろしてきたので、傍らにあった拳大の石を乙に向かって殺意をもって投げつけたら、乙の頭に命中して乙は死亡した。

---

①原則論

甲は、乙が木刀を振り上げて頭めがけて打ち下ろしてきたので、傍らにあった拳大の石を殺意をもって投げつけたら、乙の頭にあたって死亡してしまったわけです。殺意をもって投げつけてもいいのです。殺意というのは構成要件的故意のことをいっているわけです。構成要件に該当することを前提として、次に違法性阻却事由を検討します。自分の身を守るためだったのだからやむをえないという場合であれば、違法性が阻却され、正当防衛になるということです。殺人罪の構成要件には該当します。しかし、甲には正当防衛が成立するということになります。

②防衛の意思：偶然防衛

ケース４の場合、原則として正当防衛が成立します。ところが、仮に甲は乙が襲ってくるのを知らないで攻撃したとしたら、正当防衛は成立するでしょうか。つまり、客観的には正当防衛の要件を備えていたとしても、主観的に正当防衛の意思、自分の身を守ろうとする防衛の意思が認められない場合、正当防衛は成立しないのではないかという問題もあります（偶然防衛という論点）。通説は、この場合、正当防衛は成立しないと考えて

キーワード 正当防衛の意思
正当防衛が成立するためには、正当防衛の意思が必要かどうかについて争いがある。通説は、正当防衛の意思は必要であるとの必要説に立つ。そして、通説は、正当防衛の意思の内容としては、急迫不正の侵害を認識しつつ、これを避けようとする単純な心理状態と解している。

います。

　この場合、防衛するつもりがなくてやってしまうわけです。とにかく相手を攻撃してやろうと思ってやったわけです。ところが、たまたま相手がこっちを攻撃してくるような状況だったので、偶然、防衛する形になったといった場面が例外的にはあり、その場合をどのように考えるかという話です。

③過剰防衛

　「乙が木刀で攻撃してきたので石で反撃した」というケースの事例を変えて、乙が素手で殴りかかってきたのに、甲は日本刀で反撃したとしたらどうでしょうか。これはやりすぎじゃないかというわけです。相手が素手で殴りかかってきたのに、たまたま持っていた日本刀（日本刀をたまたま持っている人はあまりいないけれど、怖い商売の人で、たまたま日本刀を持っていた）で、相手を切りつけてしまった場合は、ちょっとやりすぎでしょうということになります。これを過剰防衛といいます。

　36条2項に出てくるのですが、条文だけ確認しましょう。

　36条2項は、過剰防衛が任意的減免になるということを規定しています。殴られそうになったので、つい、かっとなってやりすぎてしまった、過剰なことをやってしまったといった場合には、犯罪が成立しますが、刑を減軽または免除してもらうことができます。そういう場合を過剰防衛といいます。任意的減免というよび方だけは知っておいてください。

┌─ ケース5 ─────────────────
　甲と乙が海で溺れている。その間には、浮輪が1つしか浮いておらず、甲と乙のどちらかしか助からない。甲はやむをえず、乙から浮輪を奪い取り、自分だけ助かった。
└───────────────────────

　1人しか助からない浮輪だと思ってください。2人でつかまりゃいいじ

キーワード　過剰防衛
過剰防衛とは、防衛の程度を超えた行為をいう（36条2項）。過剰防衛は、質的過剰と量的過剰とに分けられる。質的過剰とは、防衛行為自体の強度を誤った場合をいい、たとえば、素手の人の攻撃に対し凶器を用いて防衛するような場合である。量的過剰とは、正当防衛の時間的限界を超えるとき、すなわち急迫不正の侵害が去ったにもか

ゃないか、という話になったら困りますから。２人つかまると、２人とも沈んでしまうという話です。そういうときに、じゃあ君にあげるよと言って、自分を犠牲にして相手を助けるというのは美談かもしれませんが、そういう行動をとれる人ばかりではありません。やっぱり自分が生きたいというので相手を沈めて自分が助かるということは、人間としてある意味ではやむをえません。

　それを悪いことだといって、違法評価するわけにはいかないのではないかというので、刑法はこれを緊急避難として違法性を阻却するのです。この場合、浮輪を奪われてしまった相手方は、別に悪い人ではありません。まさに正対正の関係に立っているのです。そこで、この正対正の関係のことを、緊急避難というわけです。

　先ほどの、暴漢に襲われたので通行人を突き飛ばして逃げた、その場合の通行人も正です。そして、今沈められてしまった相手方も、正です。このような場合でも緊急避難として違法性が阻却されることがあるのです。ただ、相手方が「不正」である正当防衛と違い、相手方も「正」ですから、緊急避難の場合には、正当防衛よりも違法性を阻却するための要件は厳しくなっています。

　正対正の関係を緊急避難とよぶということは覚えておいてください。

　以上、違法性阻却のところは、６つほど違法性阻却事由があることを早めに常識にしてください。

かわらず防衛者が追撃行為に出た場合をいう。

被害者の承諾

　被害者の承諾とは、被害者が自己の法益を放棄し、その侵害に承諾または同意を与えることである。この被害者の承諾は、一般的正当行為として違法性を阻却する場合がある（通説）。被害者が承諾しているというのだから、常に違法性が阻却されるのではないかと思うかもしれないが、そうとはかぎらない。たとえば、殺人の罪において被害者に承諾があったとしても、刑の軽い同意殺人罪（202条）が成立し、違法性が阻却されないのである。以下では、被害者の承諾の法的な効果について、少し詳しくみていこう。

① 被害者の承諾のないことが明示・黙示の構成要件要素になっている場合

　たとえば、住居侵入罪（130条前段）において、被害者の承諾があった場合を想像してもらいたい。それはただ、住居などに他人が入ることを許されたにすぎないのであって、そもそもなんらかの犯罪が成立するような場面ではない。このような場合、被害者の承諾がないことによって初めて実行行為があることになる。したがって、被害者の承諾がある場合には、そもそも構成要件にあたらない。窃盗罪（235条）、不同意性交等罪（177条1項）もこの類型である。

② 被害者の承諾のあることが構成要件要素になっている場合

　先ほどの同意殺人罪（202条）や同意堕胎罪（213条）などは、承諾があることが構成要件要素になっていて、独立の犯罪類型として犯罪が成立する。これらの場合に類型的には違法性が減少するから、被害者の承諾がない場合より軽い法定刑が定められている。

③ 被害者の承諾があっても何ら犯罪の成否に影響しない場合

　16歳未満の者（当該16歳未満の者が13歳以上である場合には、その者が生まれた日より5年以上前の日に生まれた者が行為者である場合にかぎる）が、性

交等やわいせつ行為についてたとえ事実上の承諾をしていたとしても、法律上は犯罪の成否に影響しない。後見的な立場から児童を保護するため、明文でこれが明らかにされている。不同意わいせつ罪（176条3項）、不同意性交等（177条3項）など。

(4)被害者の承諾が違法性を阻却する場合

個人的法益に対する罪の場合、上の①から③を除いて、被害者の承諾は原則として違法性を阻却する。

●錯誤による被害者の承諾

それでは、被害者の承諾が違法性を阻却するような犯罪類型であっても、その承諾が被害者の錯誤（誤解）に基づくものであった場合はどうだろうか。たとえば、強盗目的を秘して客を装い、住居者から立ち入りを許可されたような場合であっても、違法性が阻却されると考えるべきだろうか。

この点、本当のことを知れば被害者は承諾を与えなかったであろうから、真意に基づくものではなく、承諾は無効と解するのが判例である。これに対しては、被害者は法益の処分自体の認識はあるのだから、真意に基づくものであって承諾は有効であると解する少数説のほか、近時は法益に関する錯誤のみが無効となると解する見解が有力に主張されている。

＜重要判例＞

★最判昭和33年11月21日　百選Ⅱ〔1〕（第8版）

偽装心中の事案につき、「本件被害者は被告人の欺罔の結果被告人の追死を予期して死を決意したものであり、その決意は真意に添わない重大な瑕疵ある意思であることが明らかである。そしてこのように被告人に追死の意思がないに拘らず被害者を欺罔し被告人の追死を誤信させて自殺させた被告人の所為は通常の殺人罪に該当する」とした。

理解度クイズ③

1 法規範違反説に立った場合、法規範違反の中身とされないものは次のうちどれか。

① 道義秩序違反

② 文化規範違反

③ 社会的相当性を欠く

④ 人道的配慮を欠く

2 25歳のＡは、Ｂが木刀を振り上げて頭めがけて振り下ろしてきたので、傍らにあった六法全書をＢに向かって殺意をもって投げつけたら、Ｂの頭に命中してＢは死亡した。この場合、Ａはどうなるか。

① 殺人罪

② 緊急避難として犯罪不成立

③ 正当防衛として犯罪不成立

④ 非難可能性がないから犯罪不成立

3 ＡとＢが海で溺れている。その間には浮輪が１つしか浮いておらず、ＡとＢのどちらかしか助からない。ＡはやむをえずＢから浮輪を奪い取り、自分だけ助かった。この場合、Ａはどうなるか。

① 殺人罪

② 構成要件に該当しないから犯罪不成立

③ 緊急避難として犯罪不成立

④ 正当防衛として犯罪不成立

4 違法性の判断においては何と何の対立があるか。

   ① 結果無価値論と行為無価値論の対立

   ② 社会的相当性説と法規範違反説の対立

   ③ 原因無価値論と結果無価値論の対立

   ④ 結果無価値論と因果関係論の対立

※解答は巻末

❸責任

さて、このように構成要件に該当し、もし違法性阻却事由が１つでもあれば、それは犯罪不成立になります。違法性阻却事由のないときは、違法性があるということになりますから、次に３番目の責任のところに入ることになります。

①責任主義

責任の段階ですが「責任なければ刑罰なし」というのを責任主義ということは先ほど話しました。そして、その責任というのは、「ダメじゃないか」と非難できることだといいました。その責任主義ということから、刑法上の責任概念の核となるのは、非難可能性という概念です。非難ができるというのが責任があるということです。

では、どういうときに非難できるかがまさに問題となるわけです。これはいろいろと難しい議論もあるのです。従来は、行為者の自由意思を前提とし、行為者に対する道義的非難こそが刑法の責任の本質であるとする道義的責任論が通説でした。とりあえずは、この立場をおさえましょう。

道義的非難と聞いても「何これ？」という言葉だろうと思います。道徳にも少し近いけれども、もう少し法律に近い概念です。道徳的な非難というと、何か少し違うのです。法律的な側面が入った、道徳みたいな意味あいですが、今はあまり気にしなくていいです。簡単に非難だと思ってください。非難ができるかどうかが責任の問題だというわけです。

②責任の要件

行為者を非難するためには、以下のような４つの要件を充足することが必要とされています。

（i）責任能力

つまり、有責に行為する能力が必要です。責任能力を欠く者や不十分な者として刑法は、心神喪失者（39条１項）・心神耗弱者（39条２項）・刑事

キーワード 責任能力

行為者を非難するための前提となる能力のことをいう。39条は、心神喪失者の行為は罰しないとし、また心神耗弱者の場合は刑を必要的に減軽するとしている。心神喪失とは、精神の障害により、是非弁別能力または行動制御能力を欠く状態をいう。心神耗弱とは、精神の障害により、是非弁別能力または行動制御能力が著しく減退した状態をいう。

未成年（41条）を規定しています。

(ii)責任故意（故意犯の場合）・責任過失（過失犯の場合）

(iii)違法性の意識の可能性

(iv)期待可能性

　これら(i)(ii)(iii)(iv)のうち、いずれかが欠けると責任を欠くので、たとえ構成要件に該当し違法性阻却事由がなくても、犯罪は不成立となります。

　以下、それぞれについて詳しくみてみましょう。

（1）責任能力の問題

　責任能力とは、有責に行為する能力をいい、その内容は、物事の是非を弁別し、それに応じて行動を制御できる能力と考えてください。わかりやすくいえば、自分のやっていることが適法（是）かそれとも違法（非）かを判断し、その判断にしたがって、違法ならやめる、適法ならやってみるというように行動をコントロールできる能力のことです。

①心神喪失・心神耗弱

　　　　▶▶▶第39条
　①心神喪失者の行為は、罰しない。
　②心神耗弱者の行為は、その刑を減軽する。

　39条1項は、心神喪失者の行為は罰しない、としています。

　心神喪失者とは、是非弁別能力か行動制御能力かの、どちらかまたは両方を欠く者をいいます。たとえば、重い精神病者や泥酔した者などです。このような者を非難できませんので、刑法は「罰しない」としているのです。「罰しない」とは、責任が阻却され、犯罪不成立という意味です。36条1項や37条1項本文の「罰しない」が違法性が阻却され、犯罪不成立の意味だったのに対して、39条や後で出てくる41条での「罰しない」は責任阻却を意味しますので注意してください。

また、39条2項で心神耗弱者の行為は減軽するとしています。心神耗弱者とは、是非弁別能力あるいは行動制御能力が著しく減退した者をいいます。このような者に対しては、まったく非難できないわけではないので責任阻却はしませんが、非難しにくいので、責任が軽いとされます。そこで刑法は、刑を「減軽する」としているのです。

②刑事未成年

▶▶▶第41条
14歳に満たない者の行為は、罰しない。

民法と違って、14歳未満を刑事未成年といいます。これは覚えてください。14歳未満が刑事未成年です。刑事未成年の行った犯罪は不成立となります。41条をみましょう。「14歳に満たない者の行為は、罰しない」と書いてあります。この「罰しない」というのは、責任がないので犯罪不成立という意味です。

14歳に満たない者の行為は犯罪を構成せず処罰されません。責任能力がないから犯罪不成立になります。もっとも、処罰されないのか、じゃあ何やってもいい、ということではありません。少年法という法律によって、保護観察など、処罰ではないですけれど、別の形で処理されることになります。子どもがやったことに対して、刑法の刑罰を科すことで非難してもしょうがない。子どもはまだ分別がついていないということもあるし、将来のこともあるので重い刑罰を科すのはやめておこう、むしろ教育のほうがよいのではないかということです。少年法に従って、一定の教育をしたりします。

ただ、14歳以上になってしまいますと、これはもう刑法の処理に従うことになります。20歳未満の場合には、少年法によって、いろいろと事情は違っているのですが、刑法の世界では、41条によって14歳未満は犯罪不成立になるということは覚えておいてください。

それでは、次の事例はどのように処理したらよいでしょうか。

キーワード **少年法**
少年法は、若年での処罰を抑制するという見地から、14歳から16歳までの少年には、保護処分か刑事処分かは裁判官が決定し、16歳以上の少年については、故意の死亡事件の場合には原則として刑事処分で対処し、それ以外の場合には、保護処分か刑事処分かは家庭裁判所が決定するとしています（少年20条）。また、18歳未満の者につい

刑の範囲と減軽

刑の減軽というのは、有期の拘禁刑を半分にすることをいいます。たとえば、窃盗罪は、「10年以下の拘禁刑……に処する」（235条）と規定しています。条文にはそう書いてありますが、「以下」の「下」というのは何なのでしょう。12条1項に、「拘禁刑は、無期及び有期とし、有期拘禁刑は、1月以上20年以下とする」とあります。つまり拘禁刑というのは、1ヶ月から20年の間の幅があるわけです。そこで、235条が拘禁刑10年以下と書いてあるのは、下限の1ヶ月以上というのを省略しているということです。したがって、1ヶ月以上10年以下という幅の中で裁判所が刑を決めるのです。殺人罪は、「死刑又は無期若しくは5年以上の拘禁刑に処する」（199条）と規定しています。有期拘禁刑について5年以上20年以下の範囲になりますから、「20年以下」を省略しているわけです。

さて、窃盗罪の10年以下の有期拘禁刑を減軽するといった場合、刑が半分になることをいいます。減軽の仕方は68条に出てきます。68条に「法律上刑を減軽すべき1個又は2個以上の事由があるときは、次の例による。1　死刑を減軽するときは、無期又は10年以上の拘禁刑とする。2　無期拘禁刑を減軽するときは、7年以上の有期拘禁刑とする。3　有期拘禁刑を減軽するときは、その長期及び短期の2分の1を減ずる。（以下略）」とあります。有期拘禁刑を減軽するときは、その刑期の半分を減ずることになります。

では、殺人罪のような、死刑・無期若しくは5年以上の拘禁刑の減軽はどうなるのでしょうか。

68条1号で、死刑を減軽するときは無期または10年以上の拘禁刑となります。2号で、無期拘禁刑を減軽するときは7年以上の有期拘禁刑になります。こんなふうに刑が軽くなっていきます。有期ならば半分と思っておいてください。それを減軽といいます。

ては死刑を科しえず、無期刑に代えて10年以上20年以下の有期刑を科すことができます（少年51条）。さらに、成年者と異なり、相対的不定期刑があります（少年52条）。

┌─ ケース6 ─────────────────────────────────
　統合失調症に罹患して、わけがわからなくなっている甲は、物事の善し悪しがわからないままに乙をナイフで突き刺し殺害してしまった。
└──

　甲は殺人罪の構成要件に該当し、かつ違法性も阻却されません。しかし、甲は統合失調症で物事の善し悪しがわからない、つまり是非弁別能力を欠く心神喪失者です。とすると、責任能力を欠き（責任無能力といいます）、責任が阻却され犯罪は成立しません。

　ただ、同じ責任無能力といっても、甲が暴力団員であり、対立するほかの暴力団に殴り込みをかける際に、勢いを付けるために覚醒剤を注射して、責任無能力に陥って乙を殺害したという場合はどうでしょう。この場合も、責任無能力状態だった以上、甲には殺人罪は成立しないと思いますか？

　たしかに、無能力状態ではあります。しかし、殺人罪が成立しないというのは何だかおかしい気がします。自分で覚醒剤を打って、自分自身を無能力状態に陥れて、そしてその勢いで相手をやっつける、なんてことをやっているわけです。これはちょっと無罪にするのはおかしいという考え方が今は一般的です。このような場合には、殺人罪となります。責任能力がないということはいわせない、という考え方を採るのです。そのために、学説上原因において自由な行為の理論という考え方が主張されています。

　原因において自由な行為といわれても、イメージをもちにくいかもしれません。たとえば、先ほどの事例のような場合です。相手をやっつけようと思って、自分を無能力状態にあえて陥れるために覚醒剤を注射しています。すると、覚醒剤を注射するその段階では、責任能力はあります。すなわち、その段階では、やっぱりやめよう、犯罪はやめようということを自由に意思決定ができたわけです。ですから、原因の段階（ここで原因というのは、無能力になる原因、すなわち注射をすることです）、つまり無能

キーワード 原因において自由な行為
原因において自由な行為とは、みずから精神の障害を招き心神喪失・耗弱の状態で犯罪の結果を惹起した場合には、その結果について完全な責任を問うとする法理をいう。たとえば、えい児に授乳しながら睡眠に陥った母親が、熟睡中に乳房でえい児を窒息死させた場合や、病的酩酊の素質のある者が、酩酊によって心神喪失に陥り人を殺害

力になる原因の行為をする段階では、自由だったのではないだろうか。その時点では、責任能力があったのだから、自分で無能力状態になった後の犯罪行為も、それは非難できると考えるわけです。

原因において自由な行為の理論というのは、その無能力状態に陥れる、その原因となる行為をした時点では自由だったのだから、無能力状態での犯罪行為も非難してかまわないという考え方です。

ここでは、覚醒剤の例を出しましたが、よく例に出されるのは、景気付けにお酒をがんがん飲んで、わけのわからない状態で殴り込みに行くような場合です。こういう場合もやはり原因において自由な行為です。いずれにしても、例外的な場合の話です。

(2) 責任要素としての故意・責任要素としての過失

①総説

責任主義の内容として、「故意あるいは少なくとも過失がなければ処罰しない」という原則が重要です。行為者に故意・過失のあることが、責任能力についで第2の責任要素だというわけです。故意あるいは少なくとも過失がなければ非難できないからです。責任要素としての故意・過失を責任故意・責任過失といいますが、故意・過失については、構成要件該当性判断の段階ですでに一応の判断を経ています。

そこで、責任判断の段階では、構成要件的故意の存在を前提として、つまり、客観的構成要件該当事実(事実的側面)の認識・認容を前提として、さらに、責任非難をするために客観的構成要件該当事実以外のこと(規範的側面)を認識・意識していることが必要ではないかということを検討するのです。

②責任故意の内容

故意が構成要件要素であることはすでに述べましたが、故意はこれで検討し尽くされるものではなく、責任要素でもあります。構成要件の客観面

した場合に問題となる。

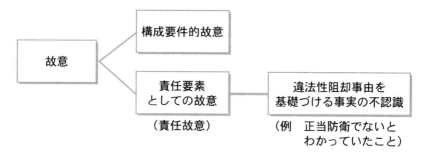

以外の事実で意識しなければならないことがほかにもあるのではなかろうかということが、この責任要素としての故意という話です。

　さて、上の図を見てください。故意は大きく分けると、構成要件的な故意と責任要素としての故意、略して責任故意の2つに分かれます。構成要件的な故意というのは、先ほど説明したのでだいたいイメージはもてていると思います。構成要件に該当する客観的な事実、それを認識・認容しているような心理状態のことを構成要件的な故意といいます。

　自分は実弾の入ったピストルの引き金を引こうとしている。引き金を引けば、弾が飛んでいって、被害者が死ぬ。因果関係があることもわかっている。そして、それでかまわないと思ってる。そういう心理状態があることを構成要件的な故意があるというわけです。

　次に、違法性阻却事由があるかを検討し、違法性阻却事由はないとなれば、さらに責任があるかないかを検討することになります。

　責任のところでは、責任能力の有無を検討し、これがあれば、その次の責任要素として、責任故意があるかどうかを検討することになります。責任故意との関係では、違法性の意識およびその可能性と、違法性阻却事由を基礎づける事実の不認識が主な論点として議論されます。

（ⅰ）違法性の意識およびその可能性

　違法性の意識とは、簡単に言えば、みずからの行為が悪いことだとの認

識のことです。また、実際に悪いことだとはわかっていなかったけれども、悪いことだとわかったはずだ、違法性の意識をもてたはずだ、という状態のことを、違法性の意識の可能性があったといいます。

違法性の意識およびその可能性が必要とされるかについては、従来の通説は、責任故意の要素として要求されるのかという議論として扱っていました。しかし、現在の通説は、違法性の意識の可能性を、責任故意と並ぶ、責任の要素のひとつとして整理しています。そのため、別の項目を立て、後で改めて説明することにします。

(ii) 違法性阻却事由を基礎づける事実の不認識

それからもう1つ、違法性阻却事由を基礎づける事実の不認識です。言葉の意味はともかくとして、たとえば、正当防衛ではないのに、正当防衛だと勘違いしてやってしまった場合にどう考えるかという問題です。

相手が何か急に殴りかかってきたと思ったので、先手必勝とばかりにゴツンとやった場合を考えてみましょう。もちろん、本当に相手が殴りかかってきたのに対して、こっちが防衛をしたのなら、それは正当防衛になります。ところが、事実は、相手が手を振り上げたけれども、それは殴りかかろうとしたのではなくて、ちょっと頭がかゆいのでかこうかなと思って、手を頭にもっていっただけなのです。それを殴りかかってくるものだと、勝手に勘違いして殴ってしまった場合はどうなるでしょうか。

すなわち、相手が急迫不正の侵害をしてくると勘違いしてやっつけたという場合です。やはり、勘違いというものはあるわけです。正当防衛だと勝手に勘違いしてしまったような場合に、ダメじゃないかという強い非難がはたしてできるでしょうか。その犯人は「すみません、正当防衛だと思っちゃったんですよ。正当防衛だと思って殴りかかってしまいました」と言い訳をしたときに、彼に対して、故意犯という強い非難をしていいのでしょうか。それはやっぱりできないでしょう、ということになるのですね。

ですから、故意犯という強い非難をしていくためには、正当防衛であると勘違いしていないこと、言い換えれば、違法性阻却事由があると勘違いしていないことが必要だというわけです。今、正当防衛を例に出しましたが、勝手に緊急避難だと勘違いしている場合や勝手に正当業務行為だと勘違いしている場合も同じです。そういう勘違いがあった場合には、故意犯としての強い非難はできないのではないかということです。

　違法性阻却事由を基礎づける事実の不認識という難しい日本語で表題を書いておきましたが、それは違法性阻却事由を基礎づける事実は認識していなかったという意味です。

　「違法性阻却事由を基礎づける事実」とは何かというと、ここでは、相手が襲いかかってくるということです。相手が襲いかかってくるんだ、自分は襲われているんだ、というのが、違法性阻却事由を基礎づける事実です。それの「不認識」というのは、そうは思っていなかった、相手が襲いかかってくるんだとは思っていなかったということが故意の要件であるということです。正当防衛ではないということがわかっていること、そんな意味あいです。簡単に言えば、違法性阻却事由ではないということがわかっていたということです。違法性阻却事由は何もないということがわかっていたこと、裏を返して言えば、違法性阻却事由が何かあると思ってやったときには、責任故意は認められないということです。

　つまり、頭をかこうと思って手を振り上げた人を殴りかかってくると勝手に思い込んで殴った場合は、その勝手な思い込みを過失犯として処罰することはできるかもしれませんが、故意犯として処罰することはできないという話です。

　この正当防衛だと勘違いして防衛したりする場合のことを、誤想防衛といいます。誤想防衛のときには故意犯は成立しません。それはなぜかというと、責任故意がないからです。責任故意が阻却されて故意犯不成立とい

うような言い方をしたりします。

　このように、違法性阻却事由を基礎づける事実、違法性阻却事由ではないということがちゃんとわかっていたということが故意犯になるためには必要ということです。

　ただし、それは違法性阻却事由という事実が客観的にないということが前提です。違法性阻却事由が本当にあったならば、それは違法性阻却で無罪になってしまいます。違法性阻却事由が客観的にはないのに主観的あると思っていた場合には、この責任故意が阻却されて故意犯不成立ということになるわけです。

　それではなぜ、もっと最初に検討しないのでしょうか。

　それは、違法性阻却事由がないことが前提だからです。それがあるかないかを判断してからしか、この違法性阻却事由の錯誤、すなわち違法性阻却事由が存在していないことの誤信の有無についての判断はできないからです。ですから、違法性阻却事由の次の責任故意のところで判断せざるをえないことになるのです。

　ちょっと、わかりにくいところです。刑法でこのあたりが一番めんどくさいところですが、イメージだけはもてるようにしてください。

　まとめてみますと、故意の中には構成要件的故意と責任故意があり、前者は構成要件該当事実を認識・認容していることで、後者は責任レベルのところで問題になる。その責任故意というのは、違法性阻却事由など何もなかったということをちゃんとわかっていたこと、それから自分がやっていたことがちゃんと悪いことだとわかっていたか、または悪いことだとわかる可能性があったこと、そういうものを満たしているときに責任要素としての責任故意があったといえることになります。

（3）違法性の意識およびその可能性

　さて、実際に悪いことだとはわかっていなかったけれども、悪いことだとわかったはずだ、違法性の意識をもてたはずだ、という状態のことを、違法性の意識の可能性があったというのでした。そして、通説は、責任を問うためには、違法性の意識の可能性があることが必要であり、違法性の意識までは必要でないと考えています。

　では、なぜ違法性の意識の可能性が必要であり、かつそれで足りるのでしょうか。

　まず、違法性の意識がないと常に責任が認められないとすると、不都合な事態が生じる場合があります。たとえば、テロリストが人を殺そうとしていることを認識しているにもかかわらず、それは日本あるいは世界のために必要不可欠な正しい行為であると確信しているような場合、テロリストには違法性の意識がありません。違法性の意識が責任を認めるために必要だとすると、このような場合に、処罰が不可能になってしまうのです。そのため、違法性の意識までは不要であると考えます。

　一方で、違法性の意識の可能性すらなかった場合には、非難のしようがないわけですから、処罰するためには、少なくとも違法性の意識の可能性は必要であると考えるわけです。

　それでは、違法性の意識の可能性の有無が問題となる事案について、具体的に考えてみましょう。ある人物が、客寄せのつもりで、みずからのお店だけで通用するサービス券を作りました。そのサービス券は、小さくサービス券と書かれてはいるものの、現実に流通している実際のお札とそっくりで、注意してみないと、サービス券であることに気がつかないようなものでした。

　このような場合、実は、紙幣等の模造罪の構成要件に該当してしまいます。そのため、サービス券を作ろうとしている人は、事前に警察に確認に

行きました。そうしたら、警察官は、「どこかにサービス券って書いてあればいいんじゃないかな」などとアドバイスをくれました。だからこそ、実際に、サービス券と書かれたものを作ったわけです。

　この場合、たしかに模造罪の構成要件に該当し、違法性阻却事由も特に認められないわけですが、犯罪が成立するとしては、わざわざ警察に確認までしたこの人にあまりに酷です。そこで、このような場合には、違法性の意識の可能性がなかったとして、犯罪が成立しないと考えることもできるでしょう。

　もし警察官から、「ちょっと危ないかもしれないから、ちゃんと調べたほうがいいよ」などと言われていたのに、「まあいいか」と思って作ってしまっていた場合には、逆に、模造罪が成立することになるでしょう。

　この例では警察官でしたが、ほかにも、最高裁判決や検察、省庁の見解を信頼した場合にも、違法性の意識の可能性が否定されると考えられています。一方、学者や弁護士の見解を信頼したとしても、私人の考えにすぎませんから、違法性の意識の可能性は否定されません。

(4) 期待可能性

　次に、期待可能性という概念が出てきます。これは4番目の責任要素です。

　責任能力があり、責任故意・責任過失が認められ、違法性の意識の可能性がある場合でも、行為当時の具体的事情いかんによってはその行為者に、違法行為を避けて適法行為に出ることをまったく期待することができないという場合もありえます。こういう例外的な場合には期待可能性を欠くとして、故意責任が認められないとされます。

　期待可能性というのは、適法行為の期待可能性という意味です。なぜそんなことをやったのですか、適法なことができたはずじゃないですかとい

> **キーワード　期待可能性**
> 期待可能性とは、行為当時の具体的状況下において行為者に違法行為を避けて適法行為に出ることを期待できることをいう。期待可能性が欠ける場合には、責任が阻却される。期待可能性の根拠について、通説は、期待可能性の不存在は超法規的責任阻却事由であると解している。

う適法行為の期待可能性というものが必要ということです。適法行為の期待可能性すらなかったときには、責任がないとされています。適法行為の期待可能性、これがないと責任が認められないというわけです。

　その適法行為の期待可能性がないから責任が認められないという主張は、ほとんど実際の事件では認められることはありません。たとえば、小さなパンを１つ盗んで窃盗罪で起訴されたとします。そのときに、パンを１個盗むことが窃盗罪の構成要件に該当します。この行為に特に違法性阻却事由があるというわけでもない、責任はというと責任能力もあった、責任故意もありました。

　しかし、そのパンを盗まないと彼はお腹が減って死にそうだったというくらい危ない状況だったとします。この場合だと、パンを盗まないという適法行為をする期待可能性はなかったわけです。もうやむをえず盗んでしまったといった場合には、例外的に適法行為の期待可能性がなかったから故意犯不成立ということに理論的にはなりうるということです。

　ただ、これはあくまでも理論的にはという話であって、そうやって適法行為の期待可能性がないから無罪なんだということは、ほとんどないと思っておいてください。

　理論的には、最後の安全弁というべきでしょうか、最後のところで犯人の事情をくむための理論としてあるということを知っておいてもらえればよいと思います。

　以上のところが責任要素ということになります。

　これまで構成要件該当性、違法性阻却事由、責任と順にみてきましたが、この順序で犯罪の成立要件を検討していくのだということをしっかりと頭に入れておいてください。刑法はこうした体系を頭に入れるところから勉強が始まります。

故意犯の成立要件

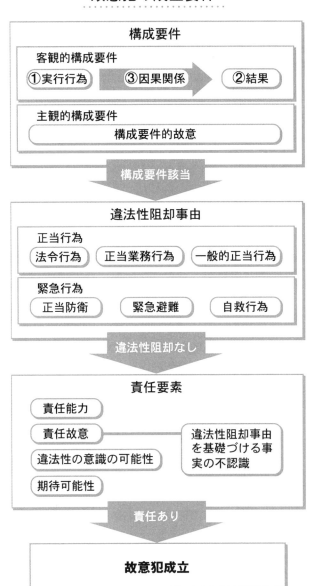

構成要件

客観的構成要件
①実行行為　③因果関係　②結果

主観的構成要件
構成要件的故意

構成要件該当

違法性阻却事由

正当行為
法令行為　正当業務行為　一般的正当行為

緊急行為
正当防衛　緊急避難　自救行為

違法性阻却なし

責任要素

責任能力

責任故意　　違法性阻却事由を基礎づける事実の不認識

違法性の意識の可能性

期待可能性

責任あり

故意犯成立

重要基本論点 違法性の意識

　違法性の意識とは、自己の行為が法秩序によって許されないこと（すなわち違法であること）を知っていることである。より平たく言えば「悪いことをしている」という意識である。

　責任能力を有する者が犯罪事実を認識・認容しながら実行行為を行う場合には、普通、悪いことだと知りつつ犯罪行為に及んでいるのであり、このような場合には行為者に対して強い道義的非難を向けることができる。ところが、行為者が犯罪事実を認識・認容していても何らかの事情によって違法性の意識を有しないまま実行行為を行っている場合もあり、はたしてこのような場合に行為者に対する非難可能性を肯定することができるのかが問題になる。

●違法性の意識（またはその可能性）の要否

☆違法性の意識不要説
　違法性の意識の有無は、犯罪の成否に無関係である。
　　理由：「法の不知は許さず」という法諺はローマ法以来の伝統である。
　　批判：今日の複雑化した社会においては、一般人が合法と違法の境を見分けることは困難であり、国民一般が法を知っているという推定は許されない。

☆違法性の意識必要説（厳格故意説）
　違法性の意識は責任故意の要件として必要である。
　　理由：故意の本質は、自己の行為が違法であることを認識し、これをやめるよう内心の反対動機が生じたにもかかわらず、あえてこれを押し切り犯罪行為に及んだことに強い道義的非難を加えることができるという点にある。違法性の意識を抱かなければ反対動機が形成されず行為者に故意非難を向けられない。
　　批判：①自己の行為が法秩序よりも正しい価値基準に合致していると考えているいわゆる確信犯を理論上処罰できなくなる。
　　　　　②行政犯の場合違法性の意識を立証することは困難であり、行政取締り目的が達成しえなくなる。

☆自然犯法定犯区別説
　自然犯・刑事犯においては故意の成立要件として違法性の意識は不要であるが、法定犯・行政犯においては必要である。
　　理由：自然犯においては犯罪事実の認識があれば行為者の反社会的危険性が徴表されるが、法定犯においては法律上許されていないことの意識がない者については、性格の社会的危険性が認められない。
　　批判：①自然犯においても犯罪事実の認識が違法性の意識を喚起しないことがある。
　　　　　②自然犯と法定犯の区別自体が困難である。

☆制限故意説

　違法性の意識の可能性は故意の要件である。すなわち、違法性の意識を欠いたことにつき相当の理由がある場合には故意責任が阻却される。

　　理由：故意責任の本質は直接的な反規範的人格態度に対する道義的非難という点にある。犯罪事実を表象し規範の問題に直面したにもかかわらず、これに正しい答えを与えてしかもこれに違反する場合と、誤った答えを与えてその結果違反する場合との間には本質的な差異はない。しかし、違法性の意識の可能性すらない場合には行為者を非難することはできない。したがって、違法性の意識の可能性は故意の要件であると考える。

　　批判：「故意に」とは「知っていながら」ということであるから、違法であることを知らなくてもその可能性があれば故意があるというのは、言葉の上でも無理がある。

☆責任説（通説）

　違法性の意識の可能性は故意とは別個の責任の要素である（なお、責任説内部においても、違法性阻却事由の錯誤の取扱いの相違により厳格責任説と制限責任説とに分かれる）。

　　理由：責任の本質は行為の違法性を意識して適法行為に出ることが期待可能であるにもかかわらず違法行為を決意したという反規範的な意思活動に対する道義的非難可能性という点にある。そうだとするなら、違法性の意識の可能性がなければ適法行為を期待することはできないのであるから、違法性の意識の可能性は責任の要素となるものと解する。他方、故意責任の本質的要素は構成要件に該当する客観的事実の認識という心理的事実であるから、それが法律上許されているか否かという規範的意識と区別されるべきである。

　　批判：事実的故意の存在だけでは、故意犯の本質としての法規範に違反する行為者の積極的な人格態度を十分に伺いうるものではない。

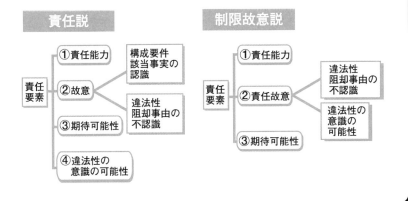

理解度クイズ④

1 刑法における「責任主義」とはどういう意味か。
① 「責任なければ刑罰なし」という原則
② 「責任逃れは許されない」という原則
③ 「責任に応じた刑罰を負う」という原則

2 統合失調症に罹患してわけがわからなくなっているAは、わけがわからないままにBを包丁で突き刺し殺害してしまった。この場合、Aはどうなるか。
① 殺人罪
② 傷害致死罪
③ 過失致死罪
④ 無罪

3 AはBを殺害しようとして、責任無能力状態のCに「Bをナイフで刺してこい」と指示した。CはAの指示通りにBを殺害した。この事例は、何に関する問題か。
① 間接正犯
② 不真正不作為犯
③ 不能犯
④ 知能犯

4 暴力団甲組の組員Ａは、対立する暴力団乙組に殴り込みをかける際に勢いを付けるために覚醒剤を注射して責任無能力に陥って、乙組組員のＢを殺害した。この場合、Ａに殺人罪の成立を認めるための理論を何というか。

① 原因において自由な行為の理論

② 原因において自由な評価の理論

③ 原因において違法な行為の理論

5 次のうち犯罪成立要件でないものはどれか。

① 構成要件該当性

② 違法性

③ 有責

④ 処罰条件

6 ３歳の子どもＡが駄菓子屋から１個20円のバナナチョコレートをとってきた。Ａには何罪が成立するか。

① 窃盗罪

② 強盗罪

③ 殺人罪

④ 犯罪不成立

⑤ 詐欺罪

※解答は巻末

Ⅲ 修正された構成要件

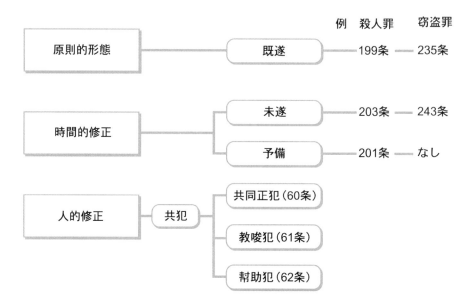

これまでが「単独犯の既遂犯」という基本的な構成要件、つまり、1人の行為者が犯罪を遂げる段階にいたってしまった場合を念頭にお話をしてきました。たとえば、199条や235条などが基本的な構成要件です。これに対して、構成要件を修正したもの、修正された構成要件をこれからお話しましょう。

ここでは、どういう修正かといいますと、時間的な修正と人的な修正の2つです。時間的な修正というのは未遂や予備、それから人的な修正というのは共犯です。まず、時間的な修正のほうから説明しましょう。

キーワード　未遂犯
刑法は、原則として、結果（たとえば、人の死）を発生させた場合を処罰する。これを既遂犯とよぶ。ただ、例外的に、一定の重大犯罪について、結果が発生しなかった場合（たとえば、ピストルを発射したが弾丸がそれて命中しなかった）をも処罰することとしている（43条本文）。このように、犯罪の実行に着手したが完成しなかった

❶未遂・予備

　通常の犯罪は既遂犯として考えられます。既遂というのは、すでに遂げたという意味で、結果を発生させてしまった犯罪を既遂犯といいます。殺人既遂や窃盗既遂という言葉は聞いたことがあるでしょうし、イメージがもてると思います。

　これに対して、実行の着手はしたけれども、結果を発生させられなかったものを未遂といいます。未遂は、例外的に条文がおかれているものだけ処罰されます。

　既遂・未遂・予備は、時間的には上の図のような関係になっています。つまり、既遂を基本として、未遂、そして予備というように時間的に前の段階に修正しているのです。

（1）未遂

▶▶▶第44条
未遂を罰する場合は、各本条で定める。

①総論

　さて、未遂とはいったい何でしょうか。たとえば、ピストルを発射して命中したが、急所を外れていたので被害者は死ななかったという場合です。つまり、実行行為は行われたが、結果は発生しなかったという場合が未遂となります。また、結果が発生しても因果関係がない場合には、その結果

　場合を未遂犯とよぶ。未遂犯の成否にとっては「実行の着手」がもっとも重要な要件である。

を刑法的には行為者に帰責できませんから、その行為に結果を発生させたとはいえず、やはり未遂になります。したがって、未遂には結果不発生の場合と結果は発生したが因果関係がない場合と2つの場合があることになります。

次に、事例について考えてみましょう。

ケース7

甲は、Aを殺害しようとしてAに向けてピストルを発射した。ところが、甲と同時に乙もピストルを発射していた。甲の弾丸はそれたが乙の弾丸が命中し、Aは死亡した。

さて、甲は殺人未遂となるでしょうか。甲は実行行為を行い、かつ、結果も発生しています。そこで「結果が発生しなかった場合」だけを未遂だと考えると、甲は未遂とはならないとも考えられそうです。しかし、甲もやはり未遂となるのです。それは、発生したAの死亡という結果は甲の行為と因果関係を欠くからです。このように、結果が不発生だった場合のみならず、因果関係を欠く場合も未遂となることに注意してください。

未遂が処罰されるのは各本条で定められている場合だけです。つまり、例外的に条文がおかれている場合だけ処罰されるのです。たとえば203条がおかれているから殺人未遂が、243条がおかれているから窃盗未遂が、それぞれ処罰されるのです。

②中止犯

> ▶▶▶第43条
> 犯罪の実行に着手してこれを遂げなかった者は、その刑を減軽することができる。ただし、自己の意思により犯罪を中止したときは、その刑を減軽し、又は免除する。

次にケース7の場合で、乙がピストルを撃った直後に「大変なことをし

キーワード 中止犯（43条ただし書）
行為者が自己の意思によって犯罪を中止した場合を中止犯とよび、刑が必ず減軽または免除される。そこでは、中止犯にはなぜこのような効果が認められるのか、という根本的な問題のほか、さまざまな問題が議論されている。

てしまった」と反省し、ただちにAを病院まで運んでいったため、Aは一命を取り留めたとします。乙は殺人をしようとしたが未遂にとどまったというわけです。ただ、この事例は、加害者である乙みずから被害者の命を助けるための行為を行っているために、通常の未遂と区別されて中止未遂ないし中止犯（43条ただし書）とよばれています。中止犯とされると刑罰が必ず減軽または免除（必要的減免）になります。

　通常の未遂のことを障害未遂（43条本文）といいます。

③不能犯

　実行行為とは、法益侵害の現実的危険性を有する行為をいいますが、そもそも結果発生の危険性が生じていない、だから実行行為といえないのではないかというものを不能犯といいます。この不能犯かどうかは、通説的な立場によれば結局、一般の人が危険と判断するか、一般の人からみて危険性があると思えるかどうかで判断します。

　ですから、精巧なモデルガンで狙って人を殺そうとする場合、たとえ実際にそのモデルガンで人を殺すことが絶対に不可能だったとしても場合によっては殺人未遂になる可能性が出てくるわけです。

　それから、暗殺目的で家に忍び込み、ベッドで寝ている被害者に向かってピストルを撃ったが、実はその被害者はほんの数分前に、心臓病か何かですでに死んでいた場合を考えてみてください。この場合、実際には、犯人は死体に向かってピストルの弾を撃ち込んでいるわけです。客観的には、死体にピストルを発射しただけで、被害者は数分前にもうすでに死んでい

キーワード 不能犯

おもちゃのピストルで人を殺そうとして引き金を引いたというような場合は、行為の危険性が極端に低く未遂としても処罰に値しないので、これを不能犯とよび不可罰とされる。ただ、いかなる場合に不能犯となるのかについては、議論のあるところである。

た場合です。通説は、そのときに一般の人たちからみれば、その被害者がすでに死んでいたなんてわからないわけですから、やはり危険性を感じるのではないかという論拠で、このような場合にも、殺人未遂罪にするのです。

　要するに、人を殺す危険性のある行為と評価できるかどうかで判断するのです。実際にはすでに死んでいる死体に弾を撃っているわけだから、純粋に科学的に考えれば、殺人をすることは不可能です。しかし、そのような行為の危険性を純粋科学的見地からのみで判断するのではなく、一般人の見地から危険性を判断するということです。

　このように、不能犯の問題は実行行為といえるほどの危険性が発生したかをどのように判断するかがポイントとなります。危険性ありとなると、たとえ結果が発生しなくても未遂犯としての罪責を負うことになります。このような不能犯という議論があることを知っておいてください。

(2) 予備

　実行の着手の前の段階を予備といいます。予備とは、犯罪の実行を目的としてなされる犯罪の準備行為です。たとえば、殺人目的でピストルを用意する行為などをイメージしてください。一定の危険性は有するものの、実行の着手にはいたっていない場合です。

　予備は、いくつかの犯罪で例外的に処罰されるにすぎません。未遂の場合も処罰されるのは例外的でしたが、予備は更に限定的な場合にのみ処罰されます。これは、予備行為のもつ法益侵害の危険性は、いまだ現実味の

乏しいものですから、刑法は殺人（201条）、放火（113条）、強盗（237
条）などの重大な法益に対する一定の犯罪についてのみ、処罰することに
しており、窃盗などの場合の予備は処罰されません。これら予備罪が規定
されている犯罪類型については、実行の着手にいたらなかった場合でも、
予備行為自体が処罰の対象となります。

▶▶▶第201条
第199条の罪を犯す目的で、その予備をした者は、2年以下の拘
禁刑に処する。ただし、情状により、その刑を免除することがで
きる。
▶▶▶第113条
第108条又は第109条第1項の罪を犯す目的で、その予備をした者
は、2年以下の拘禁刑に処する。ただし、情状により、その刑を
免除することができる。
▶▶▶第237条
強盗の罪を犯す目的で、その予備をした者は、2年以下の拘禁刑
に処する。

　以上、未遂および予備が構成要件の時間的な修正のお話でした。

重要基本論点

未遂

第43条本文　犯罪の実行に着手してこれを遂げなかった者は、その刑を減軽することができる。

　犯罪の実行に着手したが、構成要件的結果が発生しなかった場合をいう。

　未遂罪については、刑法各則中に個別的に「……条の罪の未遂は、罰する。」という形式の未遂犯処罰規定を設けるとともに、刑法総則において、未遂犯に関する一般規定をおいて（43条、44条）、いわば各本条の基本的構成要件を未遂犯の構成要件に修正する方法により処罰しており、多くの罪について規定がある。

　条文の文言では、「実行に着手して」とされているが、その意義については解釈に委ねられており、以下のように学説の対立がある。

● 「実行の着手」の意義

☆主観説

　犯意が外部的に明らかになった時点に実行の着手を認める。具体的には「犯意の成立がその遂行的行動により確定的に認められるとき」（牧野）とか、「犯意の飛躍的表動があったとき」（宮本）に着手を認める。

　　　理由：主観主義刑法理論からは、実行の着手とは犯人の危険性を徴表するものとして要求されるのであるから、犯罪意思が外部的に明らかになれば足りる。

　　　批判：①この説がよって立つ刑法理論にそもそも問題がある。

　　　　　　②実行の着手時期が早すぎる（たとえば、強盗目的で凶器を所持して家宅に侵入すればそれだけで強盗未遂となる）。

　　　　　　③主観の判定は恣意的になりやすい。

☆形式的客観説

　構成要件に該当する行為の一部が行われた時点に実行の着手を認める。

　　　理由：客観主義刑法理論からは、犯意の明確化という基準でなく外部的実在としての行為が処罰の対象である。そして、犯罪定型を重視する立場からは「実行」とはまさに構成要件に該当する行為と解すべきである。

批判：①実行の着手時期が遅すぎる（たとえば、物に直接触れないかぎり、窃盗についての実行の着手は認められなくなる。また、176条3項、177条3項の罪においては暴行を行っても着手ありとはいえないことになる）。

②これでは、問いをもって問いに答えるに等しい。

③このような形式的基準で予備と未遂とを区別することは実際上不可能である。

（注）なお、基本的には形式的客観説に立ちつつ、上のような批判に答えるために「構成要件行為およびこれに接着する行為」ないし、「行為の犯罪計画上構成要件行為の直前に位置する行為」というように基準を修正する説（修正形式的客観説）もある。

☆実質的客観説Ⅰ（通説）

構成要件的結果発生の現実的危険を含む行為を開始した時点に着手を認める。

理由：①未遂犯の処罰根拠を構成要件の実現ないし結果発生の現実的危険の惹起に求める以上、実行の着手もその現実的危険を惹起せしめることをいうと解すべきである。

②形式行為基準による硬直化を回避しうる点で現実的な基準である。

③他方、「実行の着手」である以上、あくまで「行為」を開始する時点でなければならず、結果としての危険性が要求されるわけではない。

☆実質的客観説Ⅱ（結果説）

「結果」としての法益侵害の危険性が具体的程度以上に達した時点に実行の着手を認める（実行行為者の自然的・事実的行為の時点に結果発生の現実的危険性が認められなければ、行為者の手を離れた後の時点に実行の着手を求めることになる）。

理由：未遂犯における違法の側面（客観面）の問題である着手時期は、最終的には未遂として処罰すべき危険性の発生の有無から逆算するしかない。

批判：「実行に着手」という文言は明らかに結果ではなく行為を問題にしており、本説のような解釈は日常用語例から離れてしまう。

反批判：「実行行為」を規範的・実質的に理解するならば、行為者の手を離れた後の時点で「実行が始まった」と評価できる場合がある（例：1年後に爆発する爆弾を仕掛ける）。

刑の時効と公訴時効

刑事法上、時効には、刑の時効と公訴時効とがあります。刑の時効とは、刑を言い渡す裁判が確定した後、刑の執行が行われないままに一定の期間が経過した場合に、刑の執行を免除するという刑法（31条〜34条の2）上の制度です。これに対して、公訴時効とは、犯罪が行われた後、公訴提起がなされないままに一定の期間が経過した場合に公訴権を消滅させるという刑事訴訟法（250条〜255条、337条4号）上の制度です。

では、両者はどのように異なるのでしょうか。刑の時効は、文字通り「刑」の時効ですから、裁判確定後における刑罰権の消滅であるのに対し、公訴時効は裁判確定前における公訴権の消滅である点において異なります。したがって、刑の時効は、確定判決により犯罪も犯人も特定しているものについて問題となるのに対し、公訴時効は、犯人も犯罪も特定されていなくても問題となります。このように、両者はまったく異なる制度です。刑事ドラマで出てくる時効云々の話は、捜査段階にあり、裁判が確定する前ですから、刑の時効ではなく、公訴時効のことをさしているのです。

なお、殺人罪など、人を死亡させた罪で死刑にあたるものに公訴時効はありません。

理解度クイズ⑤

1　刑法において「予備」とは何か。
　　①　犯罪の実行を目的としてなされる犯罪の準備行為
　　②　犯罪の実行に着手して遂げなかったこと
　　③　犯罪を犯すおそれのある予備軍

2　55歳のAは55歳のBを殺そうとしてピストルを撃った直後に「大変なことをしてしまった」と反省し、ただちにBを病院につれていったため、Bは一命を取りとめた。この場合には何が問題となるか。
　　①　不能犯
　　②　中止犯
　　③　知能犯
　　④　幻覚犯

3　甲は乙を殺害しようとして殴りつけ、傷害を負わせた。乙は病院に治療に行ったところ、その病院がたまたまガス爆発を起こし、それに巻き込まれて死亡した。甲の罪責はどれか。
　　①　傷害罪
　　②　殺人未遂罪
　　③　殺人既遂罪
　　④　過失致死罪

※解答は巻末

❷共犯

(1) 総説

次に、人的な修正として、共犯の話をしていきましょう。

刑法が各条文で規定している犯罪類型の大部分は、1人だけでその犯罪を行うことを予想して作られています。しかし、殺人罪や強盗罪を考えてみてください。実際には、数人の者が何らかの形で、それらの犯罪に関わり合っていることが多いということはすぐにわかりますよね。こんな例を考えてみましょう。

ケース8

AとBはある組織のボスXに甲を殺害するよう命じられた。Aは、殺人はいくらなんでもやってはいけないことではないかと悩み、Cに相談したところ、「甲はとんでもなく悪いやつで、殺すことが世のため人のためだ」と励まされた。AとBは、殺害にあたり、同じ組員のYに頼み、拳銃を貸してもらった。AとBで同時に拳銃を撃ったところ、Aの拳銃から発射された弾丸が甲の心臓部に命中し、それが致命傷となって甲は死亡した。

この事例で、Aに殺人罪が成立することは問題ありません。同時に拳銃を撃ったBはどうでしょう。Bの弾丸は実際にはあたっていません。ということは、未遂罪になるのでしょうか。次に、Cはどうでしょう。Cは実際に殺害行為には加わっていません。しかし、Cは殺人の相談を受けてAを励まし、殺害の意思を更に確固たるものにする役割を果たしています。さらに、殺害の命令を下したX、拳銃を貸したYはどうでしょうか。

このような場合を刑法ではどのように考えるかというのが、この共犯のところの問題です。

もっと徹底させるとすれば、「およそ犯罪に関与した者はすべて処罰する」という規定をおけば、この場合のB、C、X、Yは、皆、殺人罪ということになります。しかし、「関与」するといっても、その関与の仕方はさまざまであり、また漠然としすぎています。

　他方、それぞれの犯罪類型ごとに、その関与の形態をも含めて条文上規定してしまうという方法もあるかもしれません。わが刑法は、刑法の総則規定の中に共同正犯・教唆犯・幇助犯という3つの関与形態について規定をおいています。各犯罪の規定ごとにこれらの総則規定を適用して処罰していくことになります。

▶▶▶第60条
2人以上共同して犯罪を実行した者は、すべて正犯とする。

▶▶▶第61条
①人を教唆して犯罪を実行させた者には、正犯の刑を科する。
②教唆者を教唆した者についても、前項と同様とする。

▶▶▶第62条
①正犯を幇助した者は、従犯とする。
②従犯を教唆した者には、従犯の刑を科する。

　まずは、共同正犯・教唆犯・幇助犯とは、どのようなものかという概略をお話ししましょう。

①共同正犯

　60条をみると、「2人以上共同して犯罪を実行した者は、すべて正犯とする」とされています。上の例で、AとBは共同して犯罪（殺人罪）を「実行し」ています。したがって、60条の共同正犯にあたり、それぞれ殺人罪（199条）で処罰されます。条文上は、はっきり書いていませんが、AとBのどちらの弾丸で甲が死亡したかは無関係とされています。この話は、また後で解説します。

②教唆犯

　Xは、A、Bを唆しているだけで、実際に殺人行為は行っていません。このように、特定の犯罪を唆す場合を教唆犯といいます。61条に規定されています。

③幇助犯

　励ましたCや、拳銃を貸したYは、正犯であるAやBを幇助、すなわち手助けしているので62条1項の従犯ということになります。条文上は「従犯」とされていますが、これは一般には「幇助犯」といわれています。

④共謀共同正犯

　Xについては、組織のボスということですから、Aらにとっては、その命令は絶対であるというような関係にある場合もあるでしょう。その場合、実質的な主犯はXといえます。このような場合には、背後の黒幕こそが正犯ではないかといえるわけです。学説の中には、Xは、実際には犯罪を「実行」していないから（60条の文言をよくみてください）、共同正犯とはいえないし、このような場合は、ほかに特に規定がない以上、教唆で処罰すべきという見解もあります。しかし、このような場合には、正犯として処罰すべきというのが、大審院以来の確固たる判例になっています。この場合のXを共謀共同正犯といいます。

　以上のように、共犯には、共同正犯・教唆犯・幇助犯・共謀共同正犯（これは共同正犯の一形態といえますが）という形態があります。というより、複数の人が関わる場合について、刑法は、60条（共同正犯）、61条（教唆犯）、62条（幇助犯）の各条に規定されるような関与がある場合には、それを処罰することにしているということです。

　そして、実行犯を陰で操る背後に隠れた大物を、共同正犯として処罰できるかどうかに関しては、共謀共同正犯を認めるかどうかで争いがあります。条文の文言上は、共同正犯を規定する60条が「共同して犯罪を実行」

キーワード 共謀共同正犯
共謀共同正犯とは、2人以上の者が一定の犯罪を実行することを共謀し、そのうちの一部の者が共謀した犯罪の実行に出た場合において、共謀に参加したすべての者について共同正犯として罪責が認められる共犯形態をいう。

となっており、背後の大物自身は「実行」はしていない以上、60条には該当せず、共同正犯とはいえないとする反対説もありますが、判例は、共謀共同正犯というものを認めて処罰しています。

このほかにも共犯については、実にさまざまな問題があり、刑法総論の中でも一番議論が錯綜するところです。俗に「暗黒の章」とよばれたりしています。本書では、そこまでは立ち入りませんが、基本的なところだけはのぞいておくことにしましょう。

まずは、共犯の分類を覚えてしまいましょう。下の図を見て確認してください。

それでは、それぞれがどのようなものかを簡単にみていきましょう。

（2）共同正犯

①意義

ケース9

甲と乙はAを殺害することを計画し、甲乙同時に拳銃を発射した。甲の弾は外れたが乙の弾が命中し、Aは死亡した。

さて、甲の行為をみてみると、乙と同時に拳銃を発射していますが、結

局は外れています。現実にＡの死をもたらしたのは、乙の発射した弾です。そこで、甲は、一見、Ａの死亡という結果そのものについての責任は負わないようにも思われます。というのは、個人は、自己の行為から生じた結果についてのみ責任を負うという個人責任の原則があるからです。

　ただ、このケースで、甲は殺人既遂罪の責任を負わない（あるいは、未遂罪にすぎない）と考えるのは不都合でしょう。甲がＡの死亡結果に強い因果的影響を与えたことは疑いないのですから。そこで、このような場合甲と乙とは共同正犯とされ、甲は、乙が惹起した殺害結果についても、責任を負うこととされるのです。このような共同正犯における、他人が惹起した結果についても責任を負わされるという効果を、一部実行全部責任とよんでいます。

　ではなぜ、一部実行全部責任を負わされるのでしょうか。このような場合には、なぜ、共同正犯として処罰されるのでしょうか。

　それは、共同して犯罪を実行した場合には、全体を１人で実行した場合と同様、あるいはそれ以上に処罰すべき政策的な必要性と許容性があるからです。そして、この共同正犯を処罰すべき必要性・許容性（処罰根拠ともいいます）というのは、単独犯とは違って行為者相互間に意思の連絡、つまり共同実行の認識をもちつつ、互いに他者の行為を利用し全員協力して犯罪を実行する点にあります。物理的に実行行為を分担するという面もさることながら、共同正犯者相互間で心理的に影響を及ぼしあうという面がとても重要なのです。他人と意思の連絡があることで「やっぱりやめよう」「こんなことをしてはまずい」という気持ちを跳ねのけ、実行に踏み切ってしまうということもあるでしょう。あるいは、１人ではちょっとできそうもないと思っていたことを、「やれる」と意思を固めてしまうような場合もあるでしょう。このように、互いに他を励ましあう関係になっている場合には、犯罪が遂行される可能性が、単独でいるときよりも格段に

増えることは容易にイメージできますよね。そして、実行行為の一部しか行っていない犯人は相棒の行為を通じて結果に対して一定の影響力を与えていると考えることもできます。だからこそ、それぞれ一部しか実行していない場合にも、それぞれ全部の責任を負うことになるのです。

②要件

　共同正犯が成立するためには、2人以上の行為者に、(1)主観的に、共同実行の意思（意思の連絡）が存在するとともに、(2)客観的に、共同実行の事実（行為の分担）が必要となります。

（ⅰ）主観的要件〜共同実行の意思が存在すること

　共同正犯の場合、共同正犯者相互間で心理的に影響を及ぼしあうという面がとても重要です。だからこそ、一部実行全部責任を負わされるのですから、心理的に影響を及ばすことができるように意思の連絡が不可欠です。これがなければ、単なる同時犯です。この場合には、自己の行為にしか責任を負いません。したがって、先のケース9でいえば、もし、甲乙間に意思の連絡がなければ、弾の外れた甲は、Aの死の結果についての責任を問われることはありません。せいぜい殺人未遂罪にとどまることになります。

　このように、2人以上の者が共同してある犯罪を実行しようとする意思、すなわち互いに相手方の行為を利用しあってその犯罪を実現しようという意思が必要なのです。この意思は、2人以上の人それぞれがもっている必要があります。共同行為者のある者にだけあっても、ほかの者にそれが欠けている場合には、共同正犯は成立しません。たとえば、先のケース9で、甲は共同実行の意思があるが、乙は甲の存在すら知らなかったというような場合です。このような場合を片面的共同正犯とよび、甲には共同正犯が成立するとする見解もありますが、判例・通説は否定しています。共同正犯は、共同者が行ったことについて、その全員が正犯として全部責任を負うのですから、単に一部の行為者の側からの一方的な利用関係しかみられ

キーワード 同時犯

同時犯とは、2人以上の者が意思の連絡なしに時を同じくして同じ客体に対し犯罪を実行することをいう。この場合は、複数の者が関与する犯罪であっても共犯ではなく、単独正犯の競合にすぎないので、各自が行った行為についてしか責任を負わない（個人責任の原則）。ただし、傷害罪については、同時犯の特例の規定（207条）があり、

ない状況のもとでは成立しえないというべきなのです。

（ii）客観的要件～共同実行の事実が認められること

　2人以上の行為者は、共同して実行行為を行わなければなりません。各人とも実行行為の一部を行わなければならないのです。たとえば、甲、乙が強盗罪を犯そうという意思の連絡のもとに丙方に侵入し、甲が丙を脅迫してその反抗を抑圧している間に、乙が別室で丙の財物を奪った場合には、甲、乙とも強盗罪の実行行為の一部を実行しており、共同実行の事実が認められます。

　ところで、先ほどちょっとお話しした共謀共同正犯は、この要件をめぐって問題になります。

　共謀共同正犯というのは、2人以上の者がある犯罪を犯すことを共謀した上、一部の者がその実行行為を行ったときは、直接実行に加わらなかった者を含めて、共謀者の全員に共同正犯が成立するという考えです。端的にいえば、犯行現場に行かなかった者までも、犯行を「共謀」したときは共同正犯としてしまうというわけです。ということは、共同実行の事実が認められない者についても、共同正犯を認めるということであり、客観的要件を満たさないのではないかということが問題になるわけです。刑法の解釈は厳格に行わなければならないということを強調し、共謀共同正犯は、60条の共同正犯の要件を満たしていないから認められないとする学説も存在します。少し前までは、そのように考える学説のほうが圧倒的に多数でした。

　このように、共謀共同正犯を認めることに対して批判的な学説も多かった中、判例は早くからこの概念を認めているのですが、それは、そもそもなぜでしょうか。それは主として現場に行き、直接手を下さなくても、背後にあって計画を立て、指示命令を下す者は、直接手を下した者と同じ、あるいはむしろその者よりも重い責任を問うべきだと思われるのに、これ

どちらの行為から傷害が生じたのか不明の場合には、「共同して実行した者でなくても、共犯の例による」とされ、全員が傷害結果について責任を負う。

らの者を教唆・幇助だとすると、正犯よりも軽いという評価を伴うことに
なり、重い責任が問いにくいからです。刑務所暮らしを覚悟し、鉄砲玉と
なって実際に犯行現場に出向き犯罪を実行する子分よりも、背後にいる親
分のほうが、悪質で重い責任を問わなければならないことはすぐにわかる
と思います。ところが、刑法の規定の中には、背後の大物を処罰する直接
の規定はないのです。そこで、苦労して理屈をつけて、共同正犯の中に取
り込み、共謀共同正犯という概念を認めて処罰しようとしているのです。

　共謀共同正犯を理論的に基礎づけようと種々の見解が主張されています
が、それはともかくとして、とにかく判例は、すべての犯罪に共謀共同正
犯を認めています。そして、「共謀」とは、数人相互間に共同犯行の認識
があることをいい、暗黙の意思の連絡でもよいし、多数者間に順次共謀が
行われた場合でもよいとされています。

③共同正犯の処分

　共同正犯は、「すべて正犯」として処罰されます（60条）。共同者は、互
いに他の共同者の行為を利用しあい、精神的にも心理的にも支えあいなが
ら、補充しあってその犯罪を実現したのですから、それによって生じた結
果の全体について、全員が正犯者としての責任を問われることになります。
先ほどのケース9では、甲乙ともにA殺害の責任を問われます。さらに、
たとえば、X・Yが、窃盗罪の共同実行の意思のもとに、共同してP宅に
侵入し、屋内を探し回った末、Xは現金100万円、Yはダイヤの指輪を見
つけてこれを盗んだときは、XもYも、それぞれ現金100万円とダイヤの
指輪についての窃盗罪の責任を負わなければなりません。それぞれ自分の
盗んできた財物についての責任を問われるだけではありません。ただ、共
同者の全員が、常に同様に処罰されるものではありません。具体的な刑の
重さ自体は、各人の犯情に応じて異なります。

(3) 教唆犯

　教唆犯とは、「人を教唆して犯罪を実行させた者」です（61条1項）。こ
こで教唆とは、犯罪意思のない他人を唆して犯罪意思を抱かせることをい
います。たとえば、丙がボーナスをもらって現金を自宅にたくさん持って
帰ったのを見ていた甲が、乙に、「今日は丙の家には、現金が200万円ほど
置いてあるはずだから、忍び込んで盗んでこい。2階の北側の窓の鍵がい
つも開いているからそこから入るといい」などと言って窃盗を唆すような
場合です。

　教唆犯の犯罪性に関しては、共犯の本質論の問題として、共犯従属性説
と共犯独立性説の対立があります。これはどういう話かというと、教唆犯
が成立するためには、正犯が実際に犯罪行為を行うことが必要であると考
えるか、唆したこと自体で教唆犯が成立すると考えるかの問題です。この
問題は、実は、そもそも共犯がなぜ処罰されるのかという共犯の処罰根拠
論から考えていかなければなりませんが、ここではそこまで深入りするこ
とは避け、共犯従属性説と共犯独立性説の帰結を紹介しておきましょう。

　共犯従属性説は、教唆犯が成立し、または可罰性を帯びるための前提と
して、正犯者が一定の行為を行ったことが必要であるという考え方です。
先ほどの例でいえば、甲は、乙を唆しただけでは、教唆犯は成立せず、乙
が実際に、窃盗行為に着手して初めて、甲に教唆犯が成立するということ
になります。このように教唆犯は正犯に従属して成立するというわけです。

　これに対して、共犯独立性説は、教唆犯も共犯者の固有の行為によって
成立し、かつ、可罰性を帯びるとする考え方です。教唆行為はそれ自体、
教唆者の反社会性を表明するものであり、被教唆者（唆される側、正犯に
なる者をこのようにいいます）の行為からは独立して犯罪性を具備すると
いう考え方です。これによれば、甲は、乙に窃盗を唆す言動をした時点で
教唆犯が成立することになります。

両者の違いはわかりますよね。では、どちらの考え方によるべきでしょうか。

教唆行為は、他人に犯罪意思を生じさせるものですから、それ自体が犯罪性をもっていることはいうまでもありませんが、その犯罪性は、教唆を受けた正犯者が実行行為を行ったことによって、初めて現実的な社会侵害性を帯びるといえます。唆された乙が、何らかの行動に出なければ、現実的には何も起こりません。やはり、乙が実行行為に着手して初めて、甲の教唆行為の犯罪性が出てくると考えたほうがよいというわけです。

したがって、教唆犯は正犯行為がなされたことによって成立しうると解する共犯従属性説が妥当でしょう。61条が、「人を教唆して犯罪を実行させた」ことを教唆犯の要件としていることも共犯従属性説をふまえたものといえるでしょう。

理屈っぽくってわかりにくいかもしれませんが、もう少し付き合ってください。今みたとおり、共犯従属性説が妥当であり、教唆犯は正犯の実行を待って成立するのですが、次に、その従属性の程度の問題として、正犯者の行為がいかなる犯罪要素まで具備した場合に教唆犯は成立するのかが問題にされています。

この点、正犯の行為が構成要件に該当し、違法性および責任を具備する必要があると考えるのが従来の考え方でした。それが、正犯の犯罪成立要件であるからです。ただ、考え方としては次頁の図に示したとおり4つあります。そして、最近では、共犯の処罰根拠の議論とも関連させ、構成要件該当性・違法性まで具備すればよいとする制限従属性説が有力になっています。ここでは、そんな話があるという程度で結構です。

教唆犯の成立要件は、教唆行為とそれに基づく被教唆者の実行行為、故意です。そして処分は、「正犯の刑を科する」とされています。これは、正犯者の行為に適用される構成要件に対する法定刑の範囲内で処罰される

〈正犯者の行為がいかなる犯罪要素まで具備した場合に教唆犯は成立するか〉

	構成要件	違法性	責任	処罰条件
最小従属性説	●	—	—	—
制限従属性説	●	●	—	—
極端従属性説	●	●	●	—
誇張従属性説	●	●	●	●

という意味です。具体的に科せられる刑は、教唆者の犯情に応じて定められるべきであり、事情によっては正犯者よりも重い刑を量定してもかまいません。

(4) 幇助犯

　幇助犯は、正犯を幇助する犯罪であり、従犯ともよばれます（62条1項）。幇助犯も教唆犯と同様、正犯の実行行為に従属して成立します。したがって、幇助犯の成立要件は、幇助行為とそれに基づく被幇助者の実行行為、故意ということになります。

　幇助行為とは、基本的構成要件に該当する実行行為以外の行為であって、正犯者の実行を容易にするものでなくてはなりません。たとえば、殺人犯人に拳銃を貸すとか、青酸カリを用意してやるとか、物質的な方法でよいし、犯罪を実行しやすいように励まし、応援するというように精神的な方法による場合でもかまいません。判例に次のような事例があります。甲から乙を殺そうとする決意を聞いた丙が、「男というものは、やるときには

やらねばならぬ。もし、乙を殺害することがあれば、自分が差し入れはしてやる」といって甲を激励し、その殺意を固めた場合に丙を幇助犯としています。

　物質的方法による場合を有形的従犯、精神的方法による場合を無形的従犯とよびます。

　犯罪の見張り行為が、幇助犯にあたるか、それとも共同正犯かは議論の分かれるところです。判例は、一般に見張り行為は共同正犯とするようですが、賭博の場合については幇助犯とした例があります。

　幇助犯の刑は、「正犯の刑を減軽する」ことになっています（63条）。

　共犯については、まだまださまざまな議論・論点があるのですが、ひとまずこのくらいのことを知っておいてください。

共犯の処罰根拠と共犯の本質

●共犯の処罰根拠

　共犯規定は、単独犯の形態を複数人により行われる形態に修正して処罰を拡張するものである。これはもちろん政策的な側面もあるが、それを可能とするためには理論的根拠が認められねばならない。この点については、論者のよって立つ違法観に応じて学説上激しい対立がある。

☆責任共犯論

　共犯者が、教唆・幇助により正犯者を有責な行為に誘い込み、処罰される状態に陥れたことをもって共犯の処罰根拠とする。「正犯者は殺人を行い、共犯者は殺人者をつくる」といわれるように正犯と共犯とでは違法の実体を完全に異なったものとして捉える。

　違法観→刑法の任務は社会倫理の保護にあるとする行為無価値論、特に心情無価値論に基礎をおいている。すなわち、正犯者を「責任」と「刑罰」に「堕落」させたという倫理的側面を重視する。

☆違法（不法）共犯論

　共犯は正犯を反社会的の状態に陥れ、社会の平和を乱したから処罰される、すなわち、正犯者を違法「行為」に陥れた点に共犯の処罰根拠を求める。

　違法観→違法共犯論はもともと違法の実体を「行為者関係的な人的違法」と解する人的違法論（行為無価値論）から主張された見解である。すなわち、行為者の目標設定、心構え、義務、これらすべてが生じるかもしれない法益侵害とともに行為の不法を決定するという人的不法概念を前提とするなら、みずから犯罪を実行する正犯者と、正犯者をして犯罪を実行するにいたらせる者との違法性の観点における人的立場は決して同じではないのであるから、正犯と共犯の違法内容も当然本来的に異なるということになる。

☆因果的共犯論（惹起説）

　共犯者が、正犯とともに違法な事態を生ぜしめたことをもって共犯の処罰根拠とする。

　違法観→刑法の任務は（第1次的には）法益の保護にあるとする結果無価値論（を重視する立場）を基礎においている。

●共犯の本質

　共犯の処罰根拠論とどこが違うのかが問題となるが、共犯の処罰根拠論は共犯の構造、共犯における違法の実体を解明しようとするものであって、共犯処罰の出発点を形成し、いわばそのための必要条件を提供しようとするものであるのに対し、共犯の本質論は共犯現象の本質・全体像を解明しようとするものであって、共犯処罰を限定する方向でその到達点を形成し、いわば共犯処罰のための十分条件を提供しようとするものである。

　たとえば、共同正犯は「２人以上共同して犯罪を実行した」（60条）場合であるが、そこにいう犯罪の実行とは何を意味するかについては、共犯現象をどのように観察するかに応じて以下のような学説の対立がある。

A犯罪共同説

　「特定の犯罪」すなわち特定の構成要件に該当する行為を共同して行うことを意味する。

　　観察：共犯現象を集団的な合同行為と捉える。

　　理由：①共犯は正犯行為を通じて構成要件を実現し法益侵害・危険の結果
　　　　　を惹起させることにその本質があると解すべきであるから、共犯と
　　　　　いうためには共同して特定の構成要件を実現したという事実を要す
　　　　　る。
　　　　　②共犯を構成要件の修正形式と解する構成要件論の当然の帰結であ
　　　　　る。

A①完全犯罪共同説（泉二）

　１個の故意犯を共同ないし加担して行った場合にのみ共犯を認め（故意の共同）、共犯が成立するために複数の犯罪が完全に一致していることを要求する。

A②部分的犯罪共同説（通説）

　２人以上の者が異なった構成要件にわたる行為を共同ないし加担して行う場合においても、それらの構成要件が同質で重なり合うものであるときは共犯の成立を認めるべきであるとする。

　　理由：共犯となるためには構成要件を共同して実現すれば足りるから、必
　　　　　ずしも犯罪全体を共同して実現する必要はない。

B行為共同説

　「単なる行為」すなわち構成要件を離れた事実的行為を共同して行うことを意味する。

　　観察：共犯現象を共犯者相互間の個別的な利用関係と捉える。

　　理由：行為者の社会的危険性の徴表が認められればよいのであるから、前
　　　　　構成要件的な行為の共同で足りる（主観主義刑法理論からの説明）。

　　批判：構成要件を離れた行為の共同を認めるのは構成要件論の見地から不
　　　　　当である。

共謀罪

組織的な犯罪の処罰及び犯罪収益の規制等に関する法律等の一部を改正する法律（いわゆる共謀罪、政府がいうところのテロ等準備罪）が、2017年6月15日に成立し、同年7月11日に施行されました。

この法律にはさまざまな問題がありますが、刑法との関係にかぎってもいくつかの問題点があります。

まず、日本の刑法は実行に着手した者をその行為の法益侵害を招く危険性ゆえに処罰するのが原則であり、予備（や陰謀）を処罰するのは殺人、放火、強盗など重大な法益に対する一定の犯罪についてのみ妥当する、あくまでも例外です。ところが、上記の共謀罪は277もの犯罪を包括する一般的な法律なので、それはもう「例外」ではなく「原則」といえるものですから、犯罪の概念を本質的に逆転させるものです。国家権力による人権侵害である刑罰を必要最低限に抑制するという刑事司法の基本理念から大きく逸脱しています。

次に、未遂や準備は具体的な「行為」を伴うのに対して、共謀は何らかの形で犯罪行為に「合意」しただけで成立するので、「行為の危険性」を処罰対象にするという刑法の基本にも合致しません。犯罪体系が、「行為の危険性」を処罰するものから「内心の危険性」を処罰するものに変わってしまうのです。

理解度クイズ⑥

1　Aは、BとCばかりひいきにするDが憎らしくてしょうがなかったので、子分のEに対して「1000万円やるからDを殺してこい」と言った。Eは1000万円が欲しかったので、承諾し、Dを殺害した。Aについて問題となるのは次のうちどれか。

 ① 単独正犯

 ② 教唆犯

 ③ 幇助犯

2　Aは、Bが「Cを殺してやる」と息巻いているのを聞いて、BがCを殺すのを手伝ってやろうと考え、「このピストルを使えば1発であの世行きだぜ」と言ってBにピストルを手渡した。Bは、そのピストルでCを射殺した。Aについて問題となるのは次のうちどれか。

 ① 単独正犯

 ② 教唆犯

 ③ 幇助犯

 ④ 共同正犯

3　共同正犯における、他人が惹起した結果についても責任を負わされるという効果を何というか。

 ① 一部実行全部責任

 ② 一部実行一部責任

 ③ 全部実行一部責任

 ④ 全部実行全部責任

4 AはBを殺害しようとして、Bに向けてピストルを発射した。とこ
ろが、Aと同時にC（Aと意思の連絡はない）もピストルを発射し
ていた。Aの弾丸はそれたが、Cの弾丸が命中し、Bは死亡した。
この場合、誤っているものは次のうちどれか。

① Aは殺人未遂

② Bは天国へ

③ Cは殺人既遂

④ Aは犯罪不成立

5 AとBはCを殺害することを計画し、AがCの体を押さえ、Bがナ
イフをCに突き刺してCを殺害した。これは次のどれに関する事例
か。

① 単独正犯

② 共同正犯

③ 教唆犯

④ 幇助犯

※解答は巻末

Ⅳ　罪数

　刑法総論の最後に、罪数というものがあります。犯罪の数のことを罪数といいます。この罪数のところでは、１人の犯人がいくつも犯罪を犯してしまったような場合の処理が問題となります。

　たとえば、住居侵入して物を盗んだ場合、住居侵入罪と窃盗罪が成立します。さらに、逃げようとして被害者を殴ってしまうとプラス事後強盗罪、それで被害者が死んだような場合には、強盗致死罪が成立したりします。

　また、ピストルを１発撃ったら、その弾が何人にもあたって３人が一度に死んでしまった場合に、３つの殺人罪が成立するのでしょうか。このように犯罪の数に関する議論のことを罪数といいます。

　これは、一見簡単そうにみえて実は難しい問題です。法曹実務では、この罪数のところが大事なポイントになります。たとえば、被害者に向かってピストルを撃って被害者が死んでしまったという単純な殺人罪１つを例にとってみても、分析的・理論的に考えるとその中にはいろいろな犯罪が成立していることがわかります。

　具体的には、銃を準備した段階で一応殺人予備、狙いをつけた時点で殺人未遂、銃口から飛び出した弾が被害者の傍らまで近づいて来て危ないという状況になると暴行罪、服に穴を開けた時点で器物損壊罪、体に触った時点で傷害罪、そしてその人の命がなくなった時点で殺人既遂ということになります。１発、バンと撃っただけで、殺人予備、殺人未遂、暴行、器物損壊、傷害、殺人既遂、これだけ成立しています。しかし、通常それは殺人既遂の一罪で終わってしまいます。

　このように、いくつも犯罪が成立しているようにみえるけれども罪数処理をして、結論としては殺人既遂罪の一罪で処理してしまったりするのが、この罪数のところのお話です。そこではまず、その者が犯したのは、はた

して１個の罪なのか数個の罪なのか、ということが問題になります。そして次に、数個の罪である場合に、これらをどう処罰したらいいかという問題があります。

　ある犯人が行った犯罪が１個である場合が一罪、２個の場合が二罪です。２個以上の場合をまとめて数罪といいます。この判断は、一応構成要件該当性の数が標準とされます。一罪とされれば、その処罰はその犯罪の刑罰を科すことになります。数罪とされたもののうち、刑法の定める一定の要件を満たすものは、併合罪（45条）とされたり、また、科刑上一罪（54条１項）とされたりして特別の扱いが規定されています。

(1) 一罪か数罪か

　構成要件該当性の数が標準にされるわけですが、先ほどの例からもわかるとおり、明瞭に一罪というものはそうはありません。それぞれの場合に応じて特別の考慮が必要になります。その主要なものとして、包括的一罪とよばれるものを紹介しておきます。

　包括的一罪とは、数個の行為があって、それぞれ独立して特定の構成要件に該当するようにみえるけれども、すべての行為が構成要件的に包括して評価され一罪とされる場合です。たとえば、犯人が殺人の目的で、被害者を短刀で３回突き刺し、死亡させた場合には、最初の２回が、殺人未遂罪で、最後の１回が殺人既遂罪というのではなく、３回の行為全体について１個の殺人既遂罪が成立します。単一の犯意に基づき、同じ倉庫から一晩のうちに引き続いて数回にわたって米俵数俵を盗み出したときは、全体が窃盗罪の包括一罪となります。

　また、１個の行為が、いくつかの構成要件（法条）に該当するような外観を有してはいるのですが、実はそのうち１つの構成要件に該当することによって、他の構成要件の適用が当然排除されることがあります。これを

法条競合といいます。たとえば、人を殺す際にその衣服を損傷した場合には器物損壊罪は殺人罪に吸収され、殺人罪しか成立しません。

(2) 数罪の場合の処罰の方法

①科刑上一罪

犯罪が競合する場合、原則として、各犯罪は一定の範囲で併合罪を構成し、加重された単一の刑を形成するのですが、例外的に複数の犯罪が、特殊な理由から刑を科する上で一罪として取り扱われる場合があります。これが科刑上一罪です。科刑上一罪には、観念的競合（54条１項前段）と牽連犯（54条１項後段）とがあります。

観念的競合とは、１個の行為が２個以上の罪名に触れる場合で、この場合には、刑を科する上では一罪として扱われ、その数個の罪のうちもっとも重い罪について定められた刑で処断されます。たとえば、同一の日時・場所において、無免許で、かつ酒に酔った状態で自動車を運転した場合、道路交通法上の無免許運転罪と酒酔い運転罪とは観念的競合の関係とされています。

牽連犯とは、数個の犯罪が、それぞれ「手段・目的」または「原因・結果」の関係にある場合で、刑を科する上では一罪として扱われ、こちらも観念的競合と同様、その数個の罪のうちもっとも重い罪について定められた刑で処断されます。たとえば、住居侵入罪と窃盗罪です。住居侵入罪は、通常他の犯罪の手段として用いられる関係がありますから、多くの犯罪と牽連犯となります。

②併合罪

ある犯人が犯した数罪が同時に審判しうる状況にある場合、または、あった場合に、各罪ごとに個別に処分するよりも、それらをまとめて取り扱うのが、刑の適用上合理的であることはいうまでもありません。刑法はこ

のような観点から、併合罪という観念を認めました（45条）。たとえば、死刑を科する場合に、更に拘禁刑5年を科することは、受刑者にとって酷であるのみならず無意味といえるでしょう。このような場合は、各罪中のもっとも重い罪の法定刑である死刑によって処罰すれば十分です。併合罪中2個以上の罪について、有期拘禁刑に処するときは、そのもっとも重い罪について定めた刑の長期にその2分の1を加えたものを長期とする（ただし、それぞれの罪について定めた刑の長期の合計を超えることはできない〔47条〕とされ、また、長期は30年を超えることはできない〔14条2項〕）とされています。このほかにもいくつか刑の適用方法について条文が規定しています。

このような刑の適用方法がされる併合罪とは、どんな場合かということですが、原則として、確定裁判を経ない数罪を併合罪とし（45条前段）、ただ、拘禁刑以上の刑に処する確定裁判があった場合には、その確定裁判のあった罪とその確定裁判前に犯した罪とを併合罪とするとされています（45条後段）。

刑の種類

現在の刑法典では9条で、刑の種類として、死刑、拘禁刑、罰金、拘留、科料の5種を定めています（ただし、付加刑として没収もあります）。刑の軽重はこの順序です（10条1項）。したがって、身体刑である拘留よりも、財産刑である罰金のほうが重いのです。

拘禁刑は、刑事施設に拘置することであり（12条2項）、拘禁刑に処せられた者には、改善更生を図るため、必要な作業を行わせたり、必要な指導を行ったりすることができます（12条3項）。拘禁刑にあたるものには、従来、懲役と禁錮とがあり、いずれも刑事施設に拘置する点で同じですが、懲役は拘禁のほかに「所定の作業」が課されていたところ（旧12条2項）、2022（令和4）年の改正により、拘禁刑に統一されました。拘留は、拘禁刑に比べて軽い自由刑で、刑期は1日以上30日未満です。拘置する場所が刑事施設ではなく拘留場である点で拘禁刑と異なります。

罰金と科料はともに財産刑である点では同じですが、罰金は1万円以上であり、上限が罰則において規定されている（ただし軽減する場合には1万円未満に下げることができます）のに対し、科料は1000円以上1万円未満の軽微な刑である点で異なります。

死刑は絞首によります（11条1項）。江戸時代では火焙、磔、八裂、牛裂などその種類も多く、残虐な方法が用いられていました。現代の文明諸国では、人道的立場から残虐な執行方法が除去され、絞首、電気殺、銃殺、ガス殺、毒殺などが用いられるようになっています。また、死刑そのものを廃止している国も多く、あらゆる犯罪に対して死刑を廃止している国は108カ国、通常の犯罪に対してのみ死刑を廃止している国は8カ国にいたっており、事実上死刑を廃止している国（殺人のような通常の犯罪に対して死刑制度を存置しているが、過去10年間に執行がなされておらず、死刑執行をしない政策または確立した慣例をもっていると思われる国。死刑を適用しないという国際的な公約をしている国も含まれる）は28カ国にものぼっています。これに対して、通常の犯罪に対して死刑を存置している国は、わが国を含めて55カ国まで減少しています。

Ⅴ　刑法総論の全体像

　最後に、刑法総論の全体像を掲げておきます。もう一度確認しておいて
ください。おおまかな概略をつかむことが、まず刑法の勉強の出発点とい
うことを念頭にしっかりと復習してください。

　また89頁の図がとても大切です。これをしっかり見て、この順番で検討
するということ、特に構成要件の段階のこの４つの順番がとても重要です。
これをしっかり頭に入れておいてください。

〈刑法総論の全体像〉

Ⅰ　序論
　①刑法の機能
　　（1）法益保護機能（法的に保護すべき利益を守る役割）
　　（2）人権保障機能（自由保障機能）
　　（3）まとめ
　②犯罪
　　（1）罪刑法定主義
　　（2）「違法」と「責任非難」
　　（3）刑法の人権保障機能を担う原則
　　（4）構成要件
　　（5）まとめ

Ⅱ　犯罪成立要件
　①構成要件
　　（1）構成要件要素
　　（2）客観的構成要件要素

（3）主観的構成要件要素

　　（4）まとめ

　②違法性

　　（1）違法性阻却

　　（2）違法性の本質

　　（3）結果無価値と行為無価値

　　（4）違法性阻却の根拠

　　（5）違法性阻却事由の種類

　③責任

　　（1）責任能力の問題

　　（2）責任要素としての故意・責任要素としての過失

　　（3）違法性の意識およびその可能性

　　（4）期待可能性

Ⅲ　修正された構成要件

　①未遂・予備

　　（1）未遂

　　（2）予備

　③共犯

　　（1）総説

　　（2）共同正犯

　　（3）教唆犯

　　（4）幇助犯

Ⅳ　罪数

　　（1）一罪か数罪か

　　（2）数罪の場合の処罰の方法

第2章
刑法各論

次は、刑法各論に入ります。刑法総論では、殺人罪や窃盗罪などを例に
あげながら、どのように犯罪は成立していくのかをみてきました。刑法各
論では、どういう種類の罪があるのだろうかということをみていきます。

I 犯罪類型の分類

❶刑法総論との関わり

従来、刑法の勉強としては、理論的には総論が重要で、各論は総論で得
られた解答をあてはめるだけだと考えられがちでした。しかし、近時は各
論の重要性が認識されつつあり、徐々に各論で各犯罪類型ごとの解釈論を
蓄積していって初めて、総論の理論が内容のあるものとなるという考え方
が定着しつつあるといえます。その意味では、各論の解釈は総論の理論の
基礎をなすものとさえいえます。

❷保護法益による分類

犯罪はさまざまな形で分類されますが、一般的には保護法益によって分
類されます。保護法益によって分類されるということを別の言い方をする
と、刑法の各論を学ぶときには、何が保護法益なのかがとても重要だとい
うことです。刑法各論では保護法益をしっかりと勉強していかなければな
りません。各論では、細かな知識がいろいろ出てくるので、最初は覚える
のが大変だと思うかもしれませんが、もっとも重要なのは保護法益です。
各犯罪の保護法益が何かさえしっかりと押さえて覚えておけば、そこから
理由や考え方や理論の筋道を思い出したりできるようになります。

その保護法益は、大きく３つに大別されます。(1)個人的な法益、(2)社会
に関する法益、(3)国家に関する法益の３つですが、「個人的法益」、「社会

的法益」、「国家的法益」ともいいます。

　さらに、保護法益に着目すると、個人的法益は①個人の生命や身体、②自由や私生活の平穏、③名誉や信用、④財産に対する罪に大別されます。

　また、社会的法益は①公衆の安全、②公共の信用、③風俗秩序に対する罪に分けられます。

　そして、国家的法益は①国家の存立、②国家の作用に対する罪に分類することができます。

　このように、法益によって分類するということを知っておいてください。そして、個人的法益、社会的法益、国家的法益の３つに法益が分類されるということを常識にしておきましょう。

　217頁に、＜刑法各論の全体像＞を入れておきましたから、刑法各論ではどんな法益に基づいてどんな犯罪があるのか、全体像だけでも確認してみましょう。

　この全体像では、個人的法益、社会的法益、国家的法益の順番になっています。しかし、条文自体は国家的法益から始まります。これは明治時代に作られた刑法なので、国が何よりも一番と考えられたからです。さらには、実は国家的法益の前に天皇に対する罪も以前はあったのです。今は、それはなくなりましたが、国家が一番、次に社会が大切、そして最後に個人という順番で日本の刑法各論は並んでいます。

　しかし、戦後の憲法のもとでは重要度が逆になりました。個人が何よりも大切で、学ぶときには、個人、社会、国家という順番で学ぶようになっています。

❸個人的法益に対する罪

　まず、個人的法益に対する罪は大きく４つに分類されます。

(1) 生命・身体に対する罪

　生命・身体に対する罪には、殺人や傷害などの有名な犯罪が並んでいます。あとは過失傷害の罪、堕胎、遺棄に対する罪があります。

　遺棄という言葉にはなじみがないかもしれませんが、捨ててしまうというものです。たとえば、お年寄りや病気にかかってる人などをどこかに置き去りにしたり、山奥に置いてきたりすることがこれにあたります。また、交通事故でぶつけた被害者をそのまま放置する、いわゆるひき逃げもこの遺棄罪にあたるかが問題になります。

(2) 自由および私生活の平穏に対する罪

　次に、自由・私生活の平穏に対する罪には、監禁、脅迫、略取・誘拐の罪があります。略取・誘拐、いわゆる誘拐罪です。略取とは暴行・脅迫で奪い取ってくることをいい、誘拐とは人を騙したり誘惑したりして連れてくることをいいます。ですから、通常ニュースなどで、誘拐されました、誘拐罪、なんていったりしますが、刑法的にはこの略取・誘拐の両方合わせて拐取罪とよぶのが正確なよび方です。誘拐というのは、暴力を使わないで、連れてくる場合です。暴力を使って無理矢理、連れてくるのは略取といいます。

　それから、性的自由に対する罪、不同意わいせつや不同意性交等などがこれにあたります。あとは住居侵入、秘密を侵す罪もあります。

(3) 名誉・信用に対する罪

　名誉・信用に対する罪では、名誉毀損罪がとても重要です。それから、信用・業務に対する罪。信用を失わせたり、業務を妨害したりすることがこれにあたります。

（4）財産に対する罪

　最後の財産に対する罪は、全体的に重要です。その中でも、特に総説と窃盗と強盗の３つは重要です。それから、詐欺、恐喝、横領、背任は聞いたことがあると思いますが、これも財産に対する罪にあたります。また、盗品等に関する罪がありますが、これは盗んできた物を買い取ったり、ただで受け取ったりというものです。

　さらに毀棄・隠匿の罪。壊したり隠したりする犯罪です。器物損壊罪などがこれにあたります。

❹社会的法益に対する罪

　次は、社会的法益に関する罪です。これは、公衆の安全に対する罪です。この公衆の安全のところはあまり問題にはならないのですが、ただ放火のところはとても重要です。この放火罪は非常に重い犯罪になります。あとは往来妨害罪等があります。

　偽造のところでは、通貨偽造罪、有価証券偽造罪、文書偽造罪等ありますが、文書偽造罪がとても重要です。

　それから、風俗・秩序に関する罪には、わいせつ関係、賭博、富くじ罪等があります。富くじとは宝くじやサッカーくじみたいなものです。

❺国家的法益に対する罪

　最後に、国家的法益のところでは、まず、有名なものとして内乱罪があります。国家を転覆させるような計画をしたりすることが、これにあたります。

　次に、公務執行妨害罪があります。これは重要です。

　さらに、逃走、犯人蔵匿や証拠隠滅の罪があります。

　それから、偽証罪も重要です。あとは虚偽告訴罪、職権濫用罪がありま

す。

　最後に賄賂罪。賄賂に関する贈賄罪、収賄罪、はとても重要です。

　このようなメリハリづけで以後は進めていきます。

　大切なところはメリハリをつけて、しっかりと理解しておけばそれで十分です。

理解度クイズ⑦

1 犯罪類型を 3 つに分類した場合、適切でないものはどれか。

  ① 個人的な法益に関する罪

  ② 家族的な法益に関する罪

  ③ 国家的な法益に関する罪

2 次のうち、個人的法益に関する罪でないものはどれか。

  ① 生命・身体に対する罪

  ② 名誉に対する罪

  ③ 私生活の平穏に対する罪

  ④ 財産罪

  ⑤ 風俗秩序に対する罪

3 次のうち、生命・身体に対する罪でないものはどれか。

  ① 殺人罪

  ② 暴行罪

  ③ 傷害罪

  ④ 遺棄罪

  ⑤ 偽証罪

4 次のうち、財産罪にあたらないものはどれか。

① 詐欺罪

② 横領罪

③ 遺棄罪

④ 毀棄罪

⑤ 強盗罪

※解答は巻末

Ⅱ 個人的法益に対する罪

　個人的法益に対する罪を少しだけみておきましょう。個人的法益に対する罪という部分のところは、いろいろな法益に分かれていますが、まずは生命・身体に対する罪を検討していきます。

❶生命・身体に対する罪

　生命・身体のところでは、殺人罪があります。199条が殺人罪です。

（1）殺人罪

▶▶▶第199条
人を殺した者は、死刑又は無期若しくは5年以上の拘禁刑に処する。

　従来、第26章には単なる殺人だけではなく、尊属、すなわち父母や祖父母など自分よりも世代が上の親族を殺す尊属殺という犯罪がありました。しかし、これは、平等原則（憲法14条）に反するということで1995（平成7）年の改正で削除され、第26章は普通の殺人罪だけになりました。

　殺人罪は、刑法199条という条文になります。199条という条文は殺人罪の条文だ、と覚えてしまうくらい、何度もみてほしい条文です。

　そこで、199条をみると「人を殺した者は」と規定されています。

　では、「人」とは何をいうのか。これがやはり議論にはなります。胎児は「人」ではありません。それから死体も「人」ではないわけです。そうすると、生きている間、つまり生まれてから死ぬまでが「人」ということになります。

> **キーワード　「人」の始期**
> 胎児から「人」に変わる時点に関しては、分娩（陣痛）開始時説、一部露出説（身体の一部でも母体外に露出されれば「人」になる、という）、全部露出説、独立呼吸説などが対立する。

ケース1

　甲（男性）は、A（女性）から子どもができたと告げられ、これは厄介なことになったと思い、母体から子どもが頭を出したときに首を絞めて殺した。

　では、何をもって「人」になるのでしょうか。胎児から人に変わる時点に関しては、いろいろな説がありますが、一部露出説が通説です。それだけは覚えておきましょう。

　一部露出説は、母体から胎児が一部露出した時点で、「人」になったと考えます。母体から胎児が一部でも露出すれば、もう胎児に向かって攻撃を加えることができるので保護すべき必要性が出てくるということから、通説は一部露出説を採用しています。

ケース2

　Aは交通事故に遭い、脳死状態となってしまった。その妻甲は、このまま夫を生かし続けてもかわいそうなだけだと考えて、生命維持装置を取り外した。

　次に、いつ「人」でなくなるのでしょうか。よく「脳死」は死といえるかという形で議論されていますが、依然として刑法の世界では、三徴候説というものが通説です。呼吸がとまり、脈もとまり、瞳孔反射もとまったという段階です。ですから、脳死段階でも心臓が動いていたりすれば、まだ、「人」なのです。一応、三徴候説が通説だと思っておいてください。

　　　　▶ ▶ ▶ 第201条
　第199条の罪を犯す目的で、その予備をした者は、2年以下の拘禁刑に処する。ただし、情状により、その刑を免除することができる。

キーワード　「人」の終期
生と死の限界について、死とは全体死をいうとされるが、その全体死の判定について、三徴候説（自発呼吸の停止、脈拍停止、瞳孔反射機能の停止）、脳死説の対立がある。かつては三徴候説が通説であったが、現在は脳死説も有力である。

▶▶▶第202条
人を教唆し若しくは幇助して自殺させ、又は人をその嘱託を受け
若しくはその承諾を得て殺した者は、6月以上7年以下の拘禁刑
に処する。
▶▶▶第203条
第199条及び前条の罪の未遂は、罰する。

　「人」という概念がこれで明らかになりました。その命を奪うのが殺人
罪ということになります。199条が殺人罪。200条が削除されて、201条で
殺人予備罪ということになります。

　そして、202条という条文があります。ちょっと条文だけみてみましょ
う。

　202条は、「人を教唆し若しくは幇助して自殺させ、又は人をその嘱託を
受け若しくはその承諾を得て殺した者は」と規定されています。この前段
の部分を自殺教唆とか自殺幇助、自殺関与罪といいます。自殺を唆したり、
自殺を手助けしたりする、そんな行為全般が202条前段の自殺関与罪と呼
ばれるものです。本人が自殺しているわけです。自殺するのだから、勝手
にさせればいいじゃないか、でも、それを手助けしたり、自殺しろと唆し
たりするのは、これはやはりまずいでしょう、ということで犯罪になるわ
けです。

　それから、後段の「嘱託を受け」というのは、要するに「頼まれて」ぐ
らいと思ってください。人から依頼を受けて、またはその承諾を得て殺し
た場合、承諾殺人、などといったりするのですが、それもやっぱり犯罪に
なります。いくら「殺してくれと言っているから殺した」と言っても、そ
れはやはり犯罪になってしまいます。

　ただし、199条に比べると、これは刑がかなり軽くなってます。6月以
上7年以下の拘禁刑です。やはり本人が死について承諾したり自殺したり

脳死と人の死

　刑法上、人の死亡時期には争いがあります。この争いは、たとえば、ＡがＢを殴打した結果、Ｂは脳死の状態に陥った（ただし、Ａに殺意はない）といった場合、Ａの行為は傷害罪が成立するにとどまるのか、それとも傷害致死罪が成立するのかといった点に影響します。もし脳死が刑法上、人の死にあたらなければ、Ａの行為には傷害罪（204条）が成立します（法定刑は15年以下の拘禁刑又は50万以下の罰金）し、人の死にあたれば傷害致死罪（205条）が成立します（法定刑は３年以上の有期拘禁刑）。また、人の死は、傷害・傷害致死罪と死体損壊罪（190条）を分かつ重要な概念であり、単純遺棄（217条)・保護責任者遺棄罪（218条）と死体遺棄を分かつ概念でもあります。

　脳死を含め、人の死は、一時的には医学上・臨床上の概念です。また、死は、人々の宗教的・倫理的関心の対象となる事実です。しかし、人の死は、法律関係上、重大な影響をもたらす事実ですから、法律上の決定にも従わざるをえません。この点について、法曹界では、次のような考えに従ってきたといわれています。

　自発呼吸の停止、脈の停止、瞳孔反射機能等の停止の３点から心臓の停止を判定し、人の死を決定するという考えです（この考えは三徴候説とよばれています）。三徴候説からは単なる脳死は人の死にあたりません。これに対して、脳死説は全脳死をもって死亡時期とする見解です。医学界では脳死説が支配的となっているのに対して、刑法学説では三徴候説と脳死説とが激しく対立しています。

　ちなみに、世界的に見ると、主要国のほとんどが脳死を承認し（立法措置が講じられている国としては、ドイツ、フランス、イタリア、スペイン、オーストラリア、スウェーデン、カナダなどのほか、アメリカの多数の州があり、それ以外の方法で脳死を人の死とすることが社会的に確立している国としてはイギリスなどがある）、先進国で脳死を人の死と認めていない国は、現在ではきわめて少数

であり、わが国においても、臓器移植法において、きわめて限定された形ではありますが、脳死を法的に承認するにいたっています。

　臓器移植法ができて刑法の世界でも三徴候説から脳死説に変わったのでしょうか。ここでは３つの考え方ができると思います。

　第１は、脳死一般を人の死とする考え方です。臓器移植法６条１項柱書の「死体（脳死した者の身体を含む。…）」という条文ができたことによって脳死一般を人の死と考えるわけです。

　第２は、臓器提供のための脳死のみを死と認めたという考え方です。あくまでも一定の場合のみと限定的に考えます。広く一般に脳死を人の死と認めるわけではなく、臓器提供以外の場合に行われた脳死判定は死亡宣告とは関係ない、依然として三徴候説が妥当するという考え方です。私としてはこの立場が妥当ではないかと考えています

　第３は、脳死は人の死ではない、臓器移植法は本人の同意による違法性阻却事由を規定したにすぎないという考え方です。本来、殺人行為を本人が同意したとしても違法性は阻却されずに同意殺人罪（202条後段）になるところを、同意殺人罪にしないで違法性阻却にする特別規定だと考えるわけです。ですから、あくまでも人の死は三徴候説により判断するというわけです。

しているから、だいぶ軽くなるわけです。

203条は未遂の規定です。以上が殺人の罪です。

(2) 傷害罪

傷害罪は次の204条に出てきます。「人の身体を傷害した者は」と規定されていますが、「傷害」とはどういうものでしょうか。傷害とは、人の生理的機能を害することをいいます。これは覚えておきましょう。

> ▶▶▶第204条
> 人の身体を傷害した者は、15年以下の拘禁刑又は50万円以下の罰金に処する。
> ▶▶▶第205条
> 身体を傷害し、よって人を死亡させた者は、3年以上の有期拘禁刑に処する。
> ▶▶▶第206条
> 前2条の犯罪が行われるに当たり、現場において勢いを助けた者は、自ら人を傷害しなくても、1年以下の拘禁刑又は10万円以下の罰金若しくは科料に処する。
> ▶▶▶第207条
> 2人以上で暴行を加えて人を傷害した場合において、それぞれの暴行による傷害の軽重を知ることができず、又はその傷害を生じさせた者を知ることができないときは、共同して実行した者でなくても、共犯の例による。

生理的機能を害するというのは、少し難しい言い方のように思えるかもしれませんが、通常の人間としての生活をしていく普通の正常な機能を害してしまうことです。

たとえば、傷を与えてしまうことは典型的なものですが、内出血をさせることや赤く腫れることなども立派に傷害になります。それから、風邪な

ど、病気を移してしまうということも傷害になってしまいます。このように、人の生理的な機能を害するようなものを傷害というふうによんでいきますから、かなり広い概念です。

205条は、傷害を与えてその結果、人が死んでしまったという場合の傷害致死罪を規定しています。

（3）暴行罪

それから208条は暴行罪です。これは重要です。

暴行罪という言葉は知っておいてください。

> ▶▶▶第208条
> 暴行を加えた者が人を傷害するに至らなかったときは、2年以下の拘禁刑若しくは30万円以下の罰金又は拘留若しくは科料に処する。

テレビや新聞などで、婦女暴行という言葉がよく出てきますが、あれは不同意性交等罪のことです。ですから、あれはマスコミ用語としての暴行罪であって、法律用語での暴行罪は208条のことをいいます。

「暴行」とは、人の身体に向けられた有形力の行使をいいます。人の身体に向けられた有形力の行使、有形力といわれてもあまりぴんとこないかもしれませんが、ドンとどつくことや、殴るというのがその典型です。もっとも、人の身体に向かって有形力を行使すればいいわけですから、ぶつことや殴ることや蹴るだけじゃなく、その人の体にあたらなくても、触れなくても暴行になりえます。ですから、空手の寸止めのように拳をガンと突き出してあたる直前にぱっととめると、相手がひやっとした、というような状況でも、暴行になります。暴行というと、かなり強いものをイメージするかもしれませんが、ひやっとすれば暴行、というような感じです。相手に触れる必要はないということです。ですから、耳元で大声を出すな

んていうのも暴行になったりします。

　このように、208条の暴行の概念はかなり広いということと、マスコミ用語にいう婦女暴行とは違うということだけは知っておいてください。

　あと、208条の2が凶器準備集合罪です。

　▶▶▶第208条の2
　①2人以上の者が他人の生命、身体又は財産に対し共同して害を加える目的で集合した場合において、凶器を準備して又はその準備があることを知って集合した者は、2年以下の拘禁刑又は30万円以下の罰金に処する。
　②前項の場合において、凶器を準備して又はその準備があることを知って人を集合させた者は、3年以下の拘禁刑に処する。

(4) 過失傷害の罪

209条と210条は過失傷害や過失致死とよばれるものです。

　▶▶▶第209条
　①過失により人を傷害した者は、30万円以下の罰金又は科料に処する。
　②前項の罪は、告訴がなければ公訴を提起することができない。
　▶▶▶第210条
　過失により人を死亡させた者は、50万円以下の罰金に処する。

　ついうっかり人にけがをさせてしまった、ついうっかり人を死なせてしまった場合の法定刑はかなり軽くなっています。209条、210条をみてください。30万円、50万円以下の罰金で終わってしまいます。ついうっかり人を殺してしまったとしても、50万円以下の罰金で終わってしまうのが210条です。

　ただ、ついうっかり人を殺してしまいました、すみません、というのならば、210条で50万円以下の罰金で済むのですが、それが車を運転してい

キーワード 自動車の運転により人を死傷させる行為等の処罰に関する法律
「自動車運転による死傷事犯の実情等に鑑み、事案の実態に即した対処をするため、悪質かつ危険な自動車の運転により人を死傷させた者に対する新たな罰則を創設するなど所要の罰則を整備する必要がある」として、上記法律が成立した（平成25年11月27日）。この法律の成立により、危険運転致死傷罪（旧刑法208条の2）、自動車運転過

て人をはねて殺してしまったり、傷付けてしまったりした場合には、過失運転致死障害罪を規定する自動車の運転により人を死傷させる行為等の処罰に関する法律5条本文が適用され、7年以下の拘禁刑または100万円以下の罰金で処罰されます。

▶▶▶第211条
業務上必要な注意を怠り、よって人を死傷させた者は、5年以下の拘禁刑又は100万円以下の罰金に処する。重大な過失により人を死傷させた者も、同様とする。

　自動車事故は、従来、211条前段の業務上過失致死傷罪で処罰されていました。「業務」というのは、社会生活上の事務として反復・継続して行う事務という意味あいにすぎないと解されています。ですから、「業務」といっても、仕事という意味ではありません。普通に自家用車を運転している人が事故を起こし、人を死傷させた場合にも、211条前段の業務上過失致死傷罪で処罰されることになっていたのです。

　ところで、自動車死傷事故では、運転者の悪質な運転行為が多く見られますが、このような場合でも業務上過失致死傷罪にしか問えないのは刑が軽すぎるのではないか、という批判がありました。この声にこたえて2001（平成13）年改正により新設されたのが、208条の2の危険運転致死傷罪です（2007（平成19）年にも改正）。その後、危険運転致死傷罪にあたらない場合であっても、事案の実態に即した改正の必要が叫ばれ、2007（平成19）年に刑法が改正され、211条2項により自動車運転過失致死傷罪が新設されました。

　しかし、その後も悪質かつ危険な自動車の運転により人を死傷させる事故が多く起こったことから、事案の実態に即した処罰をするため、新たな罰則を創設するなど所要の罰則を整備する必要が叫ばれていました。そこで、2013（平成25）年に「自動車の運転により人を死傷させる行為等の処

失致死罪（旧211条2項）は刑法の規定から削除され、上記法律で定められることになった。また、2020（令和2）年に危険運転致死傷罪の対象となる行為が追加となった（2条5号、6号）。

罰に関する法律」が成立し、危険運転致死傷罪（同法2条、3条）、過失運転致死傷罪（同法5条）その他の罪が新設されました。これに伴って、自動車事故の刑罰については、刑法の規定から除かれることになりました。

(5) 遺棄の罪

217条以降は遺棄罪となります。

▶▶▶第217条
老年、幼年、身体障害又は疾病のために扶助を必要とする者を遺棄した者は、1年以下の拘禁刑に処する。
▶▶▶第218条
老年者、幼年者、身体障害者又は病者を保護する責任のある者がこれらの者を遺棄し、又はその生存に必要な保護をしなかったときは、3月以上5年以下の拘禁刑に処する。

217条は「老年、幼年、身体障害又は疾病のために扶助を必要とする者を遺棄した者は」と規定されています。それから218条前段では「老年者、幼年者、身体障害者又は病者を保護する責任のある者が」と規定されています。後者を保護責任者遺棄罪といいます。特にこれは、ひき逃げなどのところで問題になったりします。事故を起こして、被害者がけがをしているにもかかわらず放置した場合に、この保護責任者遺棄罪が成立するかどうかが問題になったりします。成立するかどうかが問題になるのであって、たいていは成立はしませんが、それが問題になるということです。

❷自由および私生活の平穏に対する罪

(1) 逮捕罪・監禁罪

▶▶▶第220条
不法に人を逮捕し、又は監禁した者は、3月以上7年以下の拘禁刑に処する。

220条は、逮捕・監禁です。「不法に人を逮捕し、又は監禁した者は」と規定されています。この逮捕・監禁とは、人の身体を拘束することが罪になるということです。

ケース3

　甲は、Aが熟睡しているのを知りつつ、少しいたずらしてやろうと考えて、Aが寝ている部屋の外からカギをかけた。しかし、その後で反省し、Aが目を覚ます前にカギを外した。

　ケース3は、Aが熟睡しているのを知って、いたずらしてやろうと思って、外からカギをかけた場合、監禁罪になるかが問題になるのです。A本人はカギをかけられたということ、閉じこめられているということを知らないのですが、そういう場合でも監禁罪になるのかという議論があります。

　判例・通説は、これでも監禁罪になるといっています。もしAが目を覚まして出ようと思ったのに出られない場合には、監禁罪が成立するというのが一般的な考え方なのです。

　女性を強姦する目的で、「送ってやるよ」とだまして車に乗せる。これも偽計による監禁といえます。したがって、この場合も監禁罪が成立します。だまして自由を奪う場合も監禁罪にあたるということです。

　次に、222条をみてください。

▶▶▶第222条
①生命、身体、自由、名誉又は財産に対し害を加える旨を告知して人を脅迫した者は、2年以下の拘禁刑又は30万円以下の罰金に処する。
②親族の生命、身体、自由、名誉又は財産に対し害を加える旨を告知して人を脅迫した者も、前項と同様とする。

　222条では脅迫罪が規定されています。「生命、身体、自由、名誉又は財

産に対し害を加える旨を告知して人を脅迫」することが脅迫罪です。「お前なんか殺してやる」と電話をかけたり、手紙を書いたりすることは、脅迫罪になります。「お前の彼女を痛い目に遭わせてやる」と言って脅迫する場合、これは脅迫罪にあたりません。「お前の親を痛い目に遭わせてやるぞ」というのは、脅迫罪にあたります。それが２項です。脅迫罪は、本人に害を与えるということを告知するか、またはその人の親族に害を与えると告知しなければ該当しません。ですから、仲のよい友達や、婚約者、彼女を痛い目に遭わせるぞ、といくら言っても脅迫罪にはならないということになります。ここでは、２項で親族という限定があるということを覚えておいてください。

それから、223条で強要罪が出てきます。

▶▶▶第223条
①生命、身体、自由、名誉若しくは財産に対し害を加える旨を告知して脅迫し、又は暴行を用いて、人に義務のないことを行わせ、又は権利の行使を妨害した者は、３年以下の拘禁刑に処する。
②親族の生命、身体、自由、名誉又は財産に対し害を加える旨を告知して脅迫し、人に義務のないことを行わせ、又は権利の行使を妨害した者も、前項と同様とする。
③前２項の罪の未遂は、罰する。

脅迫によく似ているのですが、脅迫や暴行を加えたりして、義務のないことを行わせたりすると、強要罪という犯罪になります。少し脅して、土下座させて謝らせたりすると、強要罪になります。

それから224条からは、略取・誘拐の罪です。未成年者を誘拐したり、身代金目的で誘拐したりした場合の罪が規定されています。

▶▶▶第224条
未成年者を略取し、又は誘拐した者は、３月以上７年以下の拘禁刑に処する。

最後に、性的自由に対する罪として、代表的な、不同意わいせつ罪と不同意性交等罪をみていきましょう。

▶▶▶第176条

①次に掲げる行為又は事由その他これらに類する行為又は事由により、同意しない意思を形成し、表明し若しくは全うすることが困難な状態にさせ又はその状態にあることに乗じて、わいせつな行為をした者は、婚姻関係の有無にかかわらず、6月以上10年以下の拘禁刑に処する。

　1　暴行若しくは脅迫を用いること又はそれらを受けたこと。

　2　心身の障害を生じさせること又はそれがあること。

　3　アルコール若しくは薬物を摂取させること又はそれらの影響があること。

　4　睡眠その他の意識が明瞭でない状態にさせること又はその状態にあること。

　5　同意しない意思を形成し、表明し又は全うするいとまがないこと。

　6　予想と異なる事態に直面させて恐怖させ、若しくは驚愕(がく)させること又はその事態に直面して恐怖し、若しくは驚愕していること。

　7　虐待に起因する心理的反応を生じさせること又はそれがあること。

　8　経済的又は社会的関係上の地位に基づく影響力によって受ける不利益を憂慮させること又はそれを憂慮していること。

②行為がわいせつなものではないとの誤信をさせ、若しくは行為をする者について人違いをさせ、又はそれらの誤信若しくは人違いをしていることに乗じて、わいせつな行為をした者も、前項と同様とする。

③16歳未満の者に対し、わいせつな行為をした者（当該16歳未満の者が13歳以上である場合については、その者が生まれた日より

5年以上前の日に生まれた者に限る。）も、第1項と同様とする。

　わいせつ行為とは、徒に性欲を興奮または刺激せしめ、かつ、普通人の正常な性的羞恥心を害し、善良な性的道義観念に反する行為をいいます。

　要するに、無理矢理キスをしたり、陰部に手を触れたりすることです。従来は、暴行または脅迫を用いることが要件とされていましたが、2023（令和5）年の刑法改正により、176条各号に掲げる行為または事由その他これらに類する行為または事由により、同意しない意思を形成し、表明しもしくは全うすることが困難な状態にさせまたはその状態にあることに乗じて、わいせつ行為をすることが要件とされています。16歳未満の者に対し、わいせつな行為をした者（当該16歳未満の者が13歳以上である場合については、その者が生まれた日より5年以上前の日に生まれた者にかぎります）については、上記のようなことに乗じてわいせつ行為をする必要はなく、単にわいせつ行為をすれば、不同意わいせつ罪が成立します。

　　▶▶▶第177条
　①前条第1項各号に掲げる行為又は事由その他これらに類する行為又は事由により、同意しない意思を形成し、表明し若しくは全うすることが困難な状態にさせ又はその状態にあることに乗じて、性交、肛門性交、口腔性交又は膣若しくは肛門に身体の一部（陰茎を除く。）若しくは物を挿入する行為であってわいせつなもの（以下この条及び第179条第2項において「性交等」という。）をした者は、婚姻関係の有無にかかわらず、5年以上の有期拘禁刑に処する。
　②行為がわいせつなものではないとの誤信をさせ、若しくは行為をする者について人違いをさせ、又はそれらの誤信若しくは人違いをしていることに乗じて、性交等をした者も、前項と同様とする。
　③16歳未満の者に対し、性交等をした者（当該16歳未満の者が13

歳以上である場合については、その者が生まれた日より5年以上
前の日に生まれた者に限る。）も、第1項と同様とする。

　性交等とは、性交、肛門性交、口腔性交または膣もしくは肛門に身体の
一部（陰茎を除きます）もしくは物を挿入する行為であってわいせつなも
のをいいます。従来は、女子に対する姦淫を処罰の対象とする強姦罪が規
定されていましたが、2017（平成29）年の刑法改正により、相手方の性別
を問わず、加えて、性交のほか、肛門性交または口腔性交も処罰の対象と
する強制性交等に変更されました。さらに、従来は、暴行または脅迫を用
いることが要件とされていましたが、2023（令和5）年の刑法改正により、
準強制性交等罪と結合されるかたちで不同意性交等罪へと変更され、同意
しない意思を形成し、表明し、もしくは全うすることが困難な状態にさせ、
またはその状態にあることに乗じて、性交等をすることが要件とされてい
ます。16歳未満の者に対する性交等については、不同意わいせつ罪と同様、
上記のようなことに乗じて性交等をする必要はなく、単に性交等をすれば、
基本的には不同意性交等罪が成立します。

（2）住居侵入罪

130条をみてください。

▶▶▶第130条
正当な理由がないのに、人の住居若しくは人の看守する邸宅、建
造物若しくは艦船に侵入し、又は要求を受けたにもかかわらずこ
れらの場所から退去しなかった者は、3年以下の拘禁刑又は10万
円以下の罰金に処する。

　住居侵入罪（130条前段）です。住居侵入や不法侵入という言葉で、た
ぶん聞いたことのある犯罪だと思います。

　住居侵入とは、正当な理由がないのに勝手に他人の住居に侵入すること

不同意わいせつ罪・不同意性交等罪

令和5年の改正により、強制わいせつ罪（176条）、強制性交等罪（177条）が、それぞれ、不同意わいせつ罪、不同意性交等罪に変更され、準強制わいせつ罪・準強制性交等罪（178条）が削除されました。具体的にどのように変更されたかというと、従来、強制わいせつ罪や強制性交等罪が成立するには、「暴行又は脅迫を用い」ることが要件とされていました。しかし、実際の事案においては、暴行や脅迫がなくとも、被害者が恐怖から抵抗できなかったり、加害者との立場の差から拒絶できなかったりすることが多く、被害者が抵抗できることが前提となっているこの要件は、実態にそぐわないとの批判がありました。これを受けて、改正後の不同意わいせつ罪・不同意性交等罪は、暴行や脅迫といった手段以外にも、被害者が抵抗することが困難となりうる行為や事由を列挙し、そうした行為により、または事由に乗じて、わいせつ・性交等をすることを、処罰の対象としました。

たとえば、176条1項5号には、「同意しない意思を形成し、表明し又は全うするいとまがないこと」、同項6号には、「予想と異なる事態に直面させて恐怖させ、若しくは驚愕させること又はその事態に直面して恐怖し、若しくは驚愕していること」により、わいせつ行為をする場合が規定されています。これらの規定は、改正前に性犯罪の成立要件とされていた、相手方の反抗を著しく困難にする程度の暴行・脅迫がなくとも、不同意わ

いせつ罪が成立しうるとするもので、まさに前述の批判をうけての規定であることがうかがわれます。

また、同項8号は、「経済的又は社会的関係上の地位に基づく影響力によって受ける不利益を憂慮させること又はそれを憂慮していること」により、わいせつな行為をすることも規定されています。これはたとえば、就職活動生に対するセクシャルハラスメントなど、立場の優位性を利用したわいせつ行為を処罰するもので、暴行・脅迫を要件としていない点からも、前述の実態に即した法改正が目指されたことがわかります。

さらには、従来、暴行・脅迫の有無にかかわらず強制わいせつ罪・強制性交等罪が成立するのは、13歳未満の者に対するわいせつ・性交等でした。しかし、これに対しては、性的行為の意味を理解して同意する能力は、13歳程度では培われないのではないかという批判がありました。そこで、令和5年の法改正により、暴行・脅迫等の有無にかかわらず不同意わいせつ罪・不同意性交等罪が成立する年齢が、原則16歳未満にひきあげられました（176条3項、177条3項）。

以上のような規定は、性犯罪の実態をふまえた改正であり、被害者保護を図るものといえます。しかし一方で、176条1項5号や6号の要件が曖昧であることから、処罰範囲が不当に拡大することもあるのではないかと危惧されてもいます。今後の具体的運用に注目していきたいところです。

です。管理者が入ってほしくないと思っているところに立ち入ることを住居侵入といいます。

　こっそり入った場合、それは住居侵入になるでしょうか。そこでは、入ってくる目的が管理者の意思に反しているかどうかが問題になります。たとえば、伊藤真の講義をモグリで聴こうと、教室に入っている人がいたとします。それは、管理者である私の意思には反しているわけです。ですから、それは住居侵入（より正確には建造物侵入罪）になります。こっそり入っているだけで犯罪になるのです。

　ところで、授業料も払っていないのに、講義を黙って聴いてることはほかに何かの犯罪になるでしょうか。窃盗罪でしょうか。窃盗罪は、物を奪わないといけないので、ただ講義を聴いているだけでは窃盗罪にはなりません。それから、詐欺罪というのもありますが、人をだまさないと詐欺罪にはなりません。入口のところで、受講生のふりをして、勝手に作った受講生カードを出して入るということになると、人をだましていることになりますから詐欺罪になります。そうではなく、忍び込んで座って聴いているだけですと、別に人を積極的にだましていませんから、詐欺罪になりません。もちろん、受付けの人を押し倒して入ってきたわけでもないですから、強盗にもならないし、恐喝にもならない。物を横流ししてもらったわけでもないから、横領にもならないし、背任にもならないし、財産犯的には無罪です。そういうわけで住居侵入、建造物侵入で処罰できるだけになります。日本の刑法はそういうところでも、まだ不十分な点があります。

　とりあえず、自由に関するところで、私生活の平穏、この平穏というところの関わりで住居侵入罪があるということは押さえておいてください。

❸名誉・信用に対する罪

(1) 名誉毀損罪

さて、名誉毀損罪です。230条をみてください。

> ▶▶▶第230条
> ①公然と事実を摘示し、人の名誉を毀損した者は、その事実の有
> 無にかかわらず、3年以下の拘禁刑又は50万円以下の罰金に処す
> る。
> ②死者の名誉を毀損した者は、虚偽の事実を摘示することによっ
> てした場合でなければ、罰しない。

これは大切な条文です。230条をみますと「公然と事実を摘示し、人の
名誉を毀損した者は、その事実の有無にかかわらず」と規定されています。
公然と事実を示して、人の名誉を毀損するわけです。

そして、「その事実の有無にかかわらず」というところが重要です。た
とえ真実を報道したり、真実を雑誌に掲載したりしても、名誉毀損罪にな
ってしまうということです。人の名誉に関わるようなことは、たとえ真実
であっても、これをみだりに発表してはいけないのです。たとえば、この
人には前科があるとか、この人は昔こういう生活をしていたことがあると
か、そういう名誉に関わるようなことを勝手に「報道の自由があるじゃな
いか」というようなことを言って、報道してしまうと、230条の構成要件
に該当してしまいます。

では、政治家が何か悪いことをやった。そして、それを暴こうとして、
スクープして報道したような場合はどうでしょう。それがもし真実だった
としても、政治家にとってみればたしかに自分の名誉を傷付けられます。
そうすると、それがみんな犯罪になってしまうのでしょうか。今度は逆に、
表現の自由が圧迫・無視されてしまうことになります。

憲法は21条1項で表現の自由を保障するようになりました。明治憲法の

ころはそんなに強い保障はなかったのですが、日本国憲法になってからは、この表現の自由を憲法が強く保障したわけです。したがって、それとの調整がどうしても必要になります。そこで、日本国憲法ができた後、表現の自由との調整を図るために刑法230条の2という条文が生まれました。

▶▶▶第230条の2

①前条第1項の行為が公共の利害に関する事実に係り、かつ、その目的が専ら公益を図ることにあったと認める場合には、事実の真否を判断し、真実であることの証明があったときは、これを罰しない。

②前項の規定の適用については、公訴が提起されるに至っていない人の犯罪行為に関する事実は、公共の利害に関する事実とみなす。

③前条第1項の行為が公務員又は公選による公務員の候補者に関する事実に係る場合には、事実の真否を判断し、真実であることの証明があったときは、これを罰しない。

230条の2第1項は「前条第1項の行為が公共の利害に関する事実に係り、かつ、その目的が専ら公益を図ることにあったと認める場合には、事実の真否を判断し、真実であることの証明があったときは、これを罰しない」と規定されています。

公共の利害、目的が公益目的、そして真実性の証明の3つの要件のもとで罰しないということになったのです。

この「罰しない」ということの法的な意味についての争いは後で述べますが、通説は違法性阻却と解釈しています。この230条の2で「罰しない」と書いているのは真実性の証明があった場合には、違法性を阻却するという意味と解釈されています。

| 個人の名誉 | VS | 表現の自由 |

調整→（230条の2の真実性の証明のあった場合は違法性阻却）

　違法性を阻却すると考えますので、構成要件には該当するわけです。たとえ真実を暴いても、構成要件には該当する。しかし、違法性を阻却してあげましょうというのが、一応通説的な考え方なんだと思っておいてください。

　このように、230条の2第1項では、公共の利害、それから目的がもっぱら公益目的、そして真実性の証明、この3つの要件のもとで違法性が阻却されるということになります。この点については押さえておいてください。

　次に、2項は「前項の規定の適用については、公訴が提起されるに至っていない人の犯罪行為に関する事実は、公共の利害に関する事実とみなす」と規定されています。犯罪行為に関する事実は、公共の利害があるとみなされてしまいます。したがって、他に公益目的と真実性の証明があれば、違法性が阻却されます。

　そして、3項は公務員に関すること、または選挙の候補者に関することは、真実であれば、もうそれだけで違法性が阻却されるというものです。

　ですから、選挙の候補者や公務員や国会議員はあんなことをやっているからおかしい、と言って事実を暴くことも真実であることの証明さえなされれば、違法性が阻却されて犯罪不成立ということになります。

　このように、230条の2は、表現の自由との調整の規定だということを覚えておいてください。名誉と表現の自由、両者の調整の規定がこの230条の2におかれているわけです（上の図参照）。

　甲新聞社は、政治家Aの汚職事件を嗅ぎつけ、その十分な裏づけも取れたので、ある日朝刊のトップ記事として報道した。これを見てAは激怒し、甲を名誉毀損罪で訴えたところ、その記事は実は真実とは違うことが判明した。

　ケース4は、汚職事件の十分な裏づけも取れたので、新聞記事として報道したところ、名誉毀損で訴えられて、実は真実には反していたことが判明してしまった。つまり、真実性の証明ができなかったケースです。そのときには、証明ができなかった以上は有罪になってしまうというのが基本的なところです。ただ、このとき、真実性の証明ができなければそれだけで有罪というのもちょっとかわいそうかな、という場合が出てきます。このケースの場合真実性の証明ができなくても、真実であると思っていたわけですから、真実性の錯誤という論点が出てきます。

　その記者は真実だと誤信していた。さまざまな取材活動によって、きっとあの政治家がやったに違いない、真実性を誤信していた、そんな場合には、真実性の錯誤という論点が出てきます。

　ですから、仮に真実性の証明に失敗して違法性が阻却されなくても、真実だと信じていたときには、故意が阻却される場合があります。

　これは、責任故意の問題です。いわゆる違法性阻却事由の錯誤の問題になります。

　違法性阻却事由の錯誤の例として、誤想防衛があげられます。正当防衛ではないのに正当防衛だと思っていたようなときには故意責任が問えないということは総論で述べました。体系的には、3番目の責任段階、その中でも責任故意のところの違法性阻却事由を基礎づける事実の不認識という部分です。正当防衛だと勘違いしていた場合には、違法性阻却事由を基礎

づける事実の不存在の認識がなかったわけですから、そこで責任故意を阻却して、故意犯は成立しないという理論づけをします。それと同じように、真実性の証明という違法性阻却事由がなかったのに、あると思ったときには、責任故意を阻却して犯罪不成立（ちなみに、あくまで実体法上の犯罪の成否を考えるのが刑法です。刑事手続を経て決まる「無罪」ではなく「犯罪不成立」が正しい用語です）にするという考え方があります。

　判例・通説は、このように真実性が証明されなくても、一定の要件のもとで、それが真実であると誤信した場合には、責任故意が阻却されて犯罪不成立と考えています。この部分の話を真実性の錯誤があるというふうにいっていきます。

　この名誉毀損罪は重要です。230条の2という条文があるということだけは知っておいてください。名誉と表現の自由との調整の規定がおかれているということだけがわかってもらえれば、今のところはそれで十分です。

　230条2項をみましょう。死者の名誉を毀損する行為は、虚偽の事実を摘示した場合にかぎって罰せられます。死者名誉毀損罪です。死者に関する事実については、歴史的評価の対象として真実の批判を許す趣旨です。

(2) 侮辱罪

▶▶▶第231条
事実を摘示しなくても、公然と人を侮辱した者は、1年以下の拘禁刑若しくは30万円以下の罰金又は拘留若しくは科料に処する。
▶▶▶第232条
①この章の罪は、告訴がなければ公訴を提起することができない。
②告訴をすることができる者が天皇、皇后、太皇太后、皇太后又は皇嗣であるときは内閣総理大臣が、外国の君主又は大統領であるときはその国の代表者がそれぞれ代わって告訴を行う。

これは公然と人を侮辱する罪です。事実を摘示しないという点で、名誉毀損罪と区別されます。公道上で、「バカ！」「間抜け！」などと大声で叫ぶような場合がこれにあたります。侮辱罪の刑罰は、従来、拘留または科料とかなり軽いものとなっていましたが、2022（令和4）年の刑法改正により、インターネット上の誹謗中傷が社会問題となっていることなどにかんがみ、侮辱罪の法定刑が引き上げられました。

名誉毀損罪・死者名誉毀損罪・侮辱罪は、訴追することが被害者の名誉を更に傷付けてしまうおそれがあることから、親告罪とされています。親告罪とは、被害者自身が告訴をすることが訴追の必要条件とされる犯罪のことです。

(3) 信用毀損罪・業務妨害罪・電子計算機損壊等業務妨害罪

信用および業務の安全を保護するために信用毀損罪（233条前段）と業務妨害罪（233条後段、234条）が規定されています。

▶▶▶第233条
虚偽の風説を流布し、又は偽計を用いて、人の信用を毀損し、又はその業務を妨害した者は、3年以下の拘禁刑又は50万円以下の罰金に処する。

▶▶▶第234条
威力を用いて人の業務を妨害した者も、前条の例による。

▶▶▶第234条の2
①人の業務に使用する電子計算機若しくはその用に供する電磁的記録を損壊し、若しくは人の業務に使用する電子計算機に虚偽の情報若しくは不正な指令を与え、又はその他の方法により、電子計算機に使用目的に沿うべき動作をさせず、又は使用目的に反する動作をさせて、人の業務を妨害した者は、5年以下の拘禁刑又は100万円以下の罰金に処する。

②前項の罪の未遂は、罰する。

「信用」とは、人の経済的活動、特にその支払能力または支払意思に対する信頼、すなわち経済的な信用にかぎると解されていましたが、近時の判例は、販売される商品の品質に対する社会的な信用をも含むとしました。もっぱら経済活動に関する評価である点で名誉毀損罪とは区別されます。このように、その法益は財産的なものですから、虚偽の風説を流布しまたは偽計を用いた場合にかぎって処罰され、真実を摘示したときは処罰されません。

「業務」とは、人の経済的活動として、反復・継続して行われる仕事をいいます。

❹財産罪

次は財産罪です。財産罪のところは、個人的法益のところでも特に重要なものです。

(1) 財産罪の概観

さて、財産罪は、いろいろな分類ができます。次頁に財産罪の概観という大きな図が描いてあります。いろいろなものがありますが、大きく分けると領得罪か毀棄罪にまず分けられます。毀棄罪というのは壊してしまう、そんなものです。領得罪というのは、毀棄罪以外の方法で財産を領得することです。

それから、直接領得するのか、間接的に領得するのかという分類です。間接領得罪として盗品等に関する罪が出てきます。盗品等に関する罪とは、間接的に財産を領得する罪ということです。256条をみてください。

▶▶▶第256条
①盗品その他財産に対する罪に当たる行為によって領得された物

を無償で譲り受けた者は、3年以下の拘禁刑に処する。
　　②前項に規定する物を運搬し、保管し、若しくは有償で譲り受け、
　　又はその有償の処分のあっせんをした者は、10年以下の拘禁刑及
　　び50万円以下の罰金に処する。

　盗品の譲受けなどと書いてありますが、256条1項では、財産罪にあた
る罪で領得された物をただで譲り受けることがこれにあたります。それか
ら、2項は「前項に規定する物を運搬し、保管し、若しくは有償で譲り受
け、又はその有償の処分のあっせんをした者」と規定されていますが、こ
れは10年以下の拘禁刑とあり、重い犯罪です。間接的に盗品などの財産を
取得する罪なので一応領得罪ですが、間接領得罪という分類になります。
　直接財産を領得するものとして、占有が移る犯罪と占有が移らない犯罪
と大きく2つに分けられます。
　物の占有が移転しないものに横領罪や遺失物横領罪があります。横領と
いうのは、言葉としては聞いたことがあるとは思うのですが、自己が占有
する他人の所有物、すなわち他人の物を預かっているときに、その自分が
預かってる物を勝手に使い込んでしまったり、横流ししたりすることです。
もともと自分が占有してるわけですから、横領罪では、新たにそこで占有
が移転することはないわけです。
　これに対して、相手から奪い取ってくる、相手から受け取ってしまう、
そういう占有を移転するほうですが、占有移転するほうは、さらに、被害
者の意思に反する占有移転か、それとも被害者の瑕疵ある意思に基づく占
有移転かに分かれます。瑕疵というのは傷ぐらいの意味あいです。瑕疵あ
る意思表示は、民法でも少し出てきたところですが、傷のある意思のこと
をいいます。
　意思に反するのが窃盗と強盗です。それから瑕疵ある意思は、被害者の
意思には基づいています。詐欺罪は、一応被害者の意思に基づいて財産の

占有が移転しています。しかし、被害者はだまされているので、その意思には瑕疵があるというわけです。それから、恐喝も被害者はいやいや金品などを渡しています。これも被害者の意思に基づいて受け取っているわけです。つまり、一応被害者の意思に基づいて受け取るのが詐欺と恐喝です。

窃盗と強盗の違いについてはいいでしょうか。強盗は、暴行・脅迫を手段として奪い取ります。そして、暴行や脅迫などを手段としていないものが窃盗罪ということになります。

このように、大きな分類がありますが、特にこの占有が移転するものとしないもの、占有が移転するものの中で被害者の意思に反しての移転と瑕疵ある意思に基づくものに分かれるという分類はきちんと覚えておきましょう。これは重要です。ですから、窃盗罪はどこに位置づけられますかと聞かれたら、被害者の意思に反する占有移転という分類ですということがわかるようにしておいてください。

これはそれぞれの犯罪の特徴を示していることになります。刑法各論の中ではこの特徴に基づいて議論がなされたりしますので、そういう点で重要なのです。

(2) 財産罪共通の問題点

さて、財産罪全般については、総論的な話をしておきます。

① 「財物」の意義

財産罪の客体は財物とよばれるものです。そもそも財産罪の客体とされる財物とは何でしょうか、という問題があります。

ケース5

たとえば、当時高価だった電気を無断で使用した。電気は、財物にあたるのか。

キーワード 「財物」
財物の意義については、固体・液体・気体の有体物をいうと考える有体性説と、より広く管理可能性のあるものをいうとする管理可能性説とがある。

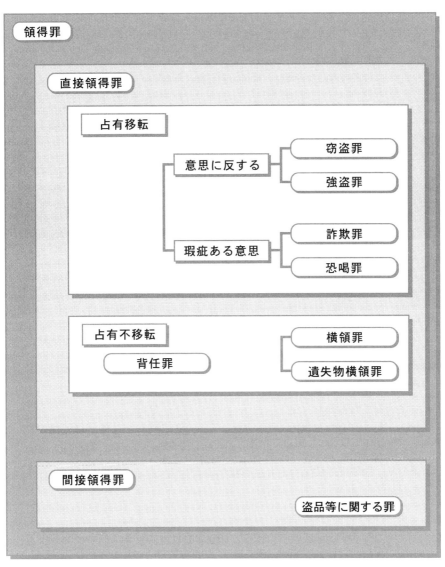

実はいろいろ議論がありましたが、245条という条文を作って電気も財物にあたることにしました。

▶▶▶第245条
この章の罪については、電気は、財物とみなす。

245条では、「この章の罪については、電気は、財物とみなす」という条文がおかれています。ですから、電気自体を盗んだ場合には、これは窃盗罪になります。

電気を盗むとは一体どういうことだと思うかもしれませんが、たとえば、伊藤塾の自習室で勉強しているときに、自分の音声レコーダーのバッテリーを充電してやろうと思って柱のコンセントにこっそり充電器を差し込んで、充電して音声レコーダーを使うと、ビルの電源なわけですから、電気を盗んでいることになります。こういう場合が電気窃盗にあたります。このようにかわいいものなら別に放置しておけばいいのかもしれませんが、電線などを引いて、勝手に電気を横流ししたりするような場合は、そうもいっていられません。

電気はこのように条文があるからいいのですが、電気以外の熱や運動エネルギーなどについてははたしてどうでしょうか。それについてはいろいろ議論になります。

財物の意義に関しての考え方は、固体・液体・気体の３つをあわせて有体物として、その有体物にかぎるという有体性説と、広く管理可能性のあるものを含むという管理可能性説の２つに分かれています。通説は有体性説です。管理可能性説の中も更に分かれるのですが、有力なのは、物理的管理可能性説です。

物理的管理可能性説とは少し言葉として固いのですが、電気以外のエネルギーでも、物理的に管理可能ならば、これは財物にあたるという考え方です。物理的に管理可能というのは、そのエネルギーを保管してどこかに

移動できるようなことです。たとえば、電気はバッテリーに充電して保存して移動したりできますから、財物となります。一方、情報は財物にあたらないことになります。

　まずは、通説である有体性説を理解するようにしましょう。

　財物にあたるかあたらないかについて、なぜそんな細かな議論をするのかというと、235条の窃盗罪の条文をみてください。

▶▶▶第235条
他人の財物を窃取した者は、窃盗の罪とし、10年以下の拘禁刑又は50万円以下の罰金に処する。

　235条の窃盗罪は、「他人の財物を窃取した者は」と規定されています。つまり、窃盗罪の客体は「財物」でしかありません。情報が財物にあたらないとなると、情報を盗んできても犯罪ではないということになります。したがって、「財物」にあたるかあたらないかは、まさに犯罪にあたるかあたらないかということになり、かなり重要な意味をもってきます。

　さて、強盗罪、詐欺罪、恐喝罪、背任罪においては、「財産上の利益」も客体になる、ということは覚えておきましょう。そして、この財産上の利益とは、簡単に言えば、財物以外の財産上の利益のこと、何か同義反復のようですが、財物以外の財産上価値のあるもの、利益のようなもの、それを全部財産上の利益、というふうにいっています。

　たとえば、先ほどの情報も財産上の利益になりますし、それから民法で勉強した債権も財産上の利益です。ですから、債権を取得するということは、まさに財産上の利益を取得したということになります。人をだまして振り込みをさせる、そういう債権を取得することも財産上の利益になったりします。それから債務を免れる、これも財産上の利益になります。たとえば、債権者をだまして債務免除の意思表示をさせる、あるいは脅して、債務免除をさせてしまうことなどです。こういうものは、財産上の利益を

得たことになりますから犯罪になります。ただ、財産上の利益を処罰する
のは、先に述べた4つの犯罪だけです。

　それでは、条文で確認をしましょう。

　強盗罪は236条に規定されています。

　　　▶▶▶第236条
　　①暴行又は脅迫を用いて他人の財物を強取した者は、強盗の罪と
　　し、5年以上の有期拘禁刑に処する。
　　②前項の方法により、財産上不法の利益を得、又は他人にこれを
　　得させた者も、同項と同様とする。

　236条2項という条文が財産上の利益にあたります。236条1項をみると、
「暴行又は脅迫を用いて他人の財物を強取した者は、強盗の罪とし」と規
定され、財物が客体となっています。

　ところが、2項のほうは、「前項の方法により、財産上不法の利益を得」
と規定されています。これは財産上の利益のことをいっています。そして、
「他人にこれを得させた者も、同項と同様とする」と規定されています。

　このように、強盗罪では、1項が財物、2項が財産上の利益となってい
ます。

　それから、詐欺罪については246条をみてください。

　　　▶▶▶第246条
　　①人を欺いて財物を交付させた者は、10年以下の拘禁刑に処する。
　　②前項の方法により、財産上不法の利益を得、又は他人にこれを
　　得させた者も、同項と同様とする。

　詐欺罪は、246条1項では「人を欺いて財物を交付させた者は」と規定
され、2項では「財産上不法の利益」と規定されていますから、強盗と同
じく、詐欺罪も2項が財産上の利益を客体としているということです。

　恐喝罪については249条をみてください。

▶▶▶第249条
①人を恐喝して財物を交付させた者は、10年以下の拘禁刑に処する。
②前項の方法により、財産上不法の利益を得、又は他人にこれを
得させた者も、同項と同様とする。

249条1項は「人を恐喝して財物を交付させた者」と規定し、2項では
「財産上不法の利益」というように規定されています。

以上の3つの条文は、財産上不法の利益を客体としています。

そして、1項に財物、2項に財産上不法の利益が書いてあるので、財産
上の利益を客体とする犯罪を2項犯罪とよぶこともあります。それぞれ、
2項強盗、2項詐欺、2項恐喝とよびます。

▶▶▶第247条
他人のためにその事務を処理する者が、自己若しくは第三者の利
益を図り又は本人に損害を加える目的で、その任務に背く行為を
し、本人に財産上の損害を加えたときは、5年以下の拘禁刑又は
50万円以下の罰金に処する。

背任罪は1項と2項には分かれていませんが、これは財産上の利益も含
むというふうに解釈されています。条文のところで「第三者の利益を図り
……本人に財産上の損害を加えた」と書いてありますから、これは財産上
の利益を含むと当然に解釈されています。

窃盗罪には財物としか書いてありません。ですから、こっそり財産上の
利益を得ても犯罪にならないわけです。これを利益窃盗は不可罰であると
いったりします。このように、財産上の利益を得るだけだと窃盗罪になら
ないということは重要ですから、知っておいてください。

(3) 財産罪の保護法益

今度は財産罪の保護法益ですが、これはきわめて重要です。

ケース6

　甲は、Aに対して自動車を1週間貸してあげたが、Aが1週間をすぎても自動車を返してくれないので、ある夜こっそりAのガレージに忍び込み自動車を取り戻した。

　甲は、自分の自動車を取り戻しています。さて、これは窃盗罪になるでしょうか。そういう問題です。

　自分の自動車を取り戻したということをよく考えてみましょう。自動車の所有権は自分（甲）にあるわけです。被害者には所有権はなかったわけです。民法上所有権は被害者になく、自分側にあったわけです。所有権は自分にあるわけですから、被害者の所有権を侵害はしていません。

　では、被害者の何を侵害したのでしょうか。それは、被害者の占有権を侵害してるだけです。

　さて、それが窃盗罪になるかどうかが問題なのですが、所有権も占有権も民法で述べたとおり、立派な財産権です。それぞれ物権という権利のひとつでした。泥棒にも占有権があるといいましたが、占有権というのは民法上保護に値する権利なわけです。

　実は、窃盗罪の保護の対象は所有権のような本権なのか、それとも占有権のようなものも含むのかという争いがあるのです。

　これが、財産罪の保護法益論という論点です。財産犯の規定が究極的には個人の私有財産の保護をめざすものであることについては争いはありません。しかし、刑法上問題となる財産の範囲について、所有権その他の本権、これは占有の根拠となる権利のことですが、それが保護法益だというのが、本権説とよばれています。また、所有権説といってもいいです。

　これに対して、所持（占有）そのものが保護法益であるという所持説（占有説）という考え方があります。判例は占有説の立場です。これは、

キーワード　財産罪の保護法益論

財産犯規定が究極的には、個人の私有財産の保護をめざすものであることは争いない。ただ、刑法が問題にする財産の範囲について、所有権その他の本権（占有の根拠となる権利）が保護法益だとする本権説（所有権説）と、所持そのものが保護法益だとする所持説（占有説）の激しい対立がある。

覚えておいてください。

　判例は占有説の立場に立って占有そのものを保護の対象とするわけです。

　したがって、このケース6の自分の自動車であっても、勝手に忍び込んで取り戻すのは、窃盗罪にあたるということになってしまいます。勝手に忍び込むところは住居侵入罪、そして、自動車を勝手に取り戻すのは窃盗罪になってしまう。たとえ自分の所有物でも勝手に取り戻しにいったりすると、それは窃盗罪になる、それは被害者の占有権を侵害しているといえると法律構成をするわけです。

　財産罪の保護法益論にはそのほかに、中間的な考え方として平穏な占有説があります。平穏な占有説は、穏やかな占有ならば保護に値するとするわけです。

　占有説と平穏な占有説と、どこが違うのでしょう。たとえば、自分の持っているバッグをひったくられた場合です。平穏な占有説ではそのバッグをすぐに泥棒から取り返すというのは、泥棒の占有は平穏な占有ではないから、泥棒からの取り戻しは犯罪不成立であると説明したりします。

　占有説の立場では、ひったくりに遭ったとしても、そのひったくられた瞬間に占有は泥棒のほうに移ってしまいますから、被害者はその泥棒から取り戻すことによって泥棒の占有を侵してることになるわけです。したがって、それは窃盗罪の構成要件に該当することになってしまいます。しかし、それを窃盗罪成立というのもあまりにも常識と離れてしまいます。

　そこで、どうするかというと、自救行為として違法性阻却にして犯罪不成立にするわけです。つまり、判例の占有説の立場では、ひったくり犯人から取り戻すのは、窃盗罪の構成要件に該当するけれども、自救行為として違法性阻却という説明の仕方をしたりします。

　さらに、本権説では、所有権はひったくり犯人に移っていないから、犯人から取り戻す行為は犯人の所有権を侵害したわけではありません。です

キーワード　自救行為（68頁参照）

正当防衛を認めるだけの侵害の急迫性は存在しないが、国家機関の救済を待っていては失われた法益（権利）の回復が困難になる場合に、侵害者に対しみずから実力により救済を図る行為のこと。直接の条文上の根拠はないが、一般に35条の一部ないしは実質的違法性阻却事由として行為の正当化が認められている。

から、構成要件に該当しないという説明の仕方になります。

このように、保護法益を何にするのかによって、特にひったくり犯人から取り戻したりという場合や、ケース6のようにいったん人に貸したが、期限がすぎても返してくれないというときに無理矢理取り戻すという場合で犯罪の成否が問題になったりするのです。

不動産については235条の2で、不動産侵奪罪というのがあります。

▶▶▶第235条の2
他人の不動産を侵奪した者は、10年以下の拘禁刑に処する。

不動産を勝手に侵奪すると、不動産侵奪罪になると定められています。ここでも、財産罪の保護法益論が関係します。たとえば、ケース6で貸していたものが自動車ではなく土地だったらどうでしょう（貸している期間は1週間ということはありませんが）。期限をすぎたから、土地の所有者がその土地へ押しかけて行って、「ここは自分の土地だ……」などと言ってその土地の占有を開始するのです。土地の所有者に犯罪が成立するかどうかは、本権説か占有説かによって違ってくるわけです。

ちなみに、判例は占有説と述べました。本権がなくてもただ占有してるだけで保護され、それを侵害した場合には、犯罪になる、不動産侵奪罪などになってしまうということです。242条という条文があります。

▶▶▶第242条
自己の財物であっても、他人が占有し、又は公務所の命令により
他人が看守するものであるときは、この章の罪については、他人
の財物とみなす。

242条については、172頁の重要基本論点で詳しく説明しています。

以上のように、財産罪の保護法益について議論があるということを知っておいてください。そして、他人が占有している物は、他人の財物とみなすという242条があることも知っておいてください。

(4) 不法領得の意思

今度は不法領得の意思の話です。

不法領得の意思。これもきわめて重要です。財産罪総論のところでは先ほど話した保護法益とこの不法領得の意思、この2つが特に重要な論点になります。

ケース7

甲はAの自転車にちょっと乗ってみたいと考えて、ほんの少し乗った後、すぐに戻しておいた。

ケース8

甲はAが憎らしくてしょうがなかったので、Aが大切にしている壺を壊してやろうと考え、Aの家に飾ってあった壺を盗み出し、河原でたたき割った。

こういう場合に、それぞれ窃盗罪になるでしょうか。

ケース7では、自転車にほんの少し乗ったわけです。そして、すぐ返しておいた。最初からすぐ返すつもりでちょっと乗っただけです。

たとえば、みなさんが一緒に友達と自習室に行って、友達と一緒に勉強していたとします。友達がトイレに行くために席を立ったときに、うっかり六法を忘れてきてしまったから、隣の友達の六法をちょっと借りてぱらぱらとめくってすぐ返したというような場合です。このときも、友達の六法を勝手に使ってるわけです。友達の占有だったものを勝手に自分の占有に移してぱらぱらとめくってまた返していますが、これは六法という財物の占有を移転してるわけですから、形式的には窃盗罪の構成要件に該当してしまうのではないでしょうか。でもそんなものを、はたして窃盗罪で処分する必要があるのでしょうか。自転車をちょっと借りて乗った、あるい

窃盗罪の保護法益

　窃盗罪の保護法益については、学説上の争いがある。

　刑法は、「他人の財物」を窃取したとき窃盗罪が成立するとしているが、これに加えて、「自己の財物であっても、他人が占有し、又は公務所の命令により他人が看守するものであるときは、この章の罪については、他人の財物とみなす」（242条）と規定している。この場合、「他人が占有し」とは、すべての占有をいうのか、それとも権原に基づく占有にかぎるのか、という問題である。そして、この問題は、奪取罪全般に共通の問題である。

●奪取罪の保護法益

☆本権説

　事実上の占有の基礎となっている所有権その他の本権（賃借権、質権など）であるとする見解である。

　　・242条の解釈→「他人が占有」とは権原に基づく占有、すなわち所有権その他の適法な原因に基づく財物の占有を意味する。

　　帰結：たとえば、所有権者などの本権者が不法な占有者から自己の所有
　　　　　物・賃借物を取り戻す行為は、奪取罪を構成しないことになる。

☆占有説（判例）

　事実上の占有それ自体であるとする見解である。

　　・242条の解釈→「他人が占有」とは文字どおり他人による事実上の支配の
　　　　一切をさし、権原によらない違法な占有も含むものであり、235条の処罰

範囲を拡張している。

帰結：所有権者などの本権者が不法な占有者から自己の所有物・賃借物を取り戻す行為であっても奪取罪の構成要件該当性は否定できない。したがって、自救行為などの違法性阻却判断により正当化の余地があるにすぎない。

☆平穏占有説（一応の理由ある占有説）（多数説）

平穏な占有、すなわち一応適法な外観を有する占有であるとする見解である。

・242条の解釈→「他人の占有」とは、他人による平穏な占有を意味する。

帰結：「平穏」がいかなる範囲をさすかによるが、一般には本権者が窃盗犯人などから犯行の直後に盗まれた財物を取り戻す場合のみが非平穏として不処罰化されるにすぎないとされる。

＜重要判例＞

★財産犯の保護法益（最決平元.7.7）百選Ⅱ［26］（第8版）

買戻約款付自動車売買契約により自動車金融をしていた貸主が借主の買戻権喪失により自動車の所有権を取得した後、借主の事実上の支配内にある自動車を承諾なしに引き揚げた行為について、「被告人が自動車を引き揚げた時点においては、自動車は借主の事実上の支配内にあつたことが明らかであるから、かりに被告人にその所有権があつたとしても、被告人の引揚行為は、刑法242条にいう他人の占有に属する物を窃取したものとして窃盗罪を構成するというべきであり、かつ、その行為は、社会通念上借主に受忍を求める限度を超えた違法なものというほかはない」と判断した。

は六法をちょっと借りて使っちゃった、まさに日本語では「借りて」なんて言葉を使います。

　借りるというのはどういうことでしょうか。借りて、その財産の占有を事実上独占してしまうような場合には、占有を侵害しており、窃盗罪になるでしょう。他方、借りるといってもいわば使用する利益を得ただけ、財物の占有を侵害したのではなくて、財産上の使用利益を得ただけという場合もあるでしょう。利益を得るだけの場合は犯罪不成立です。先に述べたように利益窃盗というのは犯罪不成立です。

　さて、その境目は何でしょうか。これが難しいわけです。財物を取得したのか、財産上の利益をこっそり得ただけなのか、そのあたりの境目がはっきりしないわけです。そのあたりの境目をはっきりさせるために不法領得の意思というものを要求するのです。

　このケース7で、通説は、窃盗罪などの領得罪の成立のためには所有権者として振る舞う意思を要求します。要するに、自分の所有物のように扱おうとする意思があるときだけ窃盗罪にすべきだと考えるわけです。ですから、ちょっと借りてすぐ返すつもりだった場合、所有者としてそれを使おうなんて強い意思はなかったと考え、窃盗罪は成立しないと考えます。

　通説は、このような不法領得の意思というものを要求して、それで絞り込みをします。ケース7の場合は自転車ですから、ほんのチョイ乗りは犯罪不成立になるでしょう。

　しかし、自動車の場合には、ほんのチョイ乗りでも一般的には窃盗罪が成立します。自動車というのは財産的な価値が高いものですから、ほんのチョイ乗りでも自動車に乗るのは承諾がないかぎり、一般的には今の日本では認められていないだろう、自動車に勝手に乗る、というのは、所有者のように振る舞うという意思のあらわれだろうと考えます。そのような形で通説は不法領得の意思を要求するわけです。

キーワード **使用窃盗**
隣の人の消しゴムをほんの少し無断で借用した、という場合のように、窃盗に該当するようにも思えるが、処罰に値するとは考えられないものをいう。その不可罰性の根拠については、本文で紹介した通説のほか、使用窃盗はそもそも客観的に窃盗罪の構成要件に該当しないのだ、とする説も有力である。

ケース8はどうでしょう。憎らしくてしょうがないから、壺を壊してや
ろうと思って壺を盗んで、河原でたたき割ったというわけです。これを窃
盗罪で処罰する必要があるでしょうか。なぜそんなことを問題にするのか
というと、憎らしいと思って家に忍び込んでその場でたたき割ったらどう
なるかと比べるのです。

　その家に忍び込んで、高価な壺をその場でたたき割ると、財物を壊す犯
罪、すなわち器物損壊罪になります。器物損壊罪というのは、261条で3
年以下の拘禁刑または30万円以下の罰金もしくは科料ですみます。

> **▶▶▶第261条**
> 前３条に規定するもののほか、他人の物を損壊し、又は傷害した
> 者は、３年以下の拘禁刑又は30万円以下の罰金若しくは科料に処
> する。

　ところが、それを持ち出して、道路でたたき割った場合、持ち出すこと
で窃盗罪が成立する場合には、窃盗罪は10年以下の拘禁刑又は50万円以下
の罰金となり、拘禁刑としては器物損壊罪の場合より３倍も重くなります。

　その場でたたき割るのと、家の外に持ち出してたたき壊すのと、そんな
大して違いはないじゃないと思えるのに、外に持ち出して壊したら窃盗罪
となるのは、あまりにも刑が重くなってしまいます。どうせ壊すつもりで
持ち出すのならば、窃盗というよりはむしろ毀棄罪で処罰すれば十分じゃ
ないかというのが問題になるわけです。

　そこで、判例・通説はこの部分について、物の経済的用法に従ってこれ
を利用・処分する意思が必要というふうに考えます。これも不法領得の意
思の一部です。

　これで窃盗罪と毀棄罪とを区別するわけです。たとえば、最初から壊す
意思で持ち出した場合には、それを経済的に使おうという目的はないわけ
ですから、不法領得の意思がないので窃盗罪にはあたらないと考えていく

キーワード　領得罪と毀棄罪との区別
窃盗罪等の領得罪が成立するには「物の
経済的用法に従って利用・処分する意
思」が必要か、という問題である。これ
を必要とするのが判例である。

Ⅱ　個人的法益に対する罪……

わけです。

　ケース7の自転車のチョイ乗りみたいなものを処罰しないようにするために、また、このように壊す目的で持ち出したような場合を窃盗罪にしないようにするために、不法領得の意思という条文に書いてない意思を要求して、絞り込みをすると思っておいてください。それが窃盗罪のところの不法領得の意思という論点です。

　さて、判例・多数説は、ケース7に出てきた所有者として振る舞う意思、ケース8で出てきた経済的用法に従って利用・処分する意思、その両方を合体させた意思を不法領得の意思とします。

　ケース7では使用窃盗との区別が問題となります。使用窃盗は不可罰です。このように、不可罰である使用窃盗と区別するために、前半、所有者として振る舞う意思、というところで、使用窃盗と区別します。

　そして後半、その経済的用法に従い、これを利用・処分する意思。これが毀棄罪と区別するためにあります。

　こういう特別な意思があるものだけ窃盗罪にしていきます。もちろん、窃盗罪だけではありません。詐欺、強盗も同様です。これが判例・通説の考え方です。

　しかし、「不法領得の意思」などという意思は条文に書かれていません。条文に書いていないものを解釈で付け加えて絞り込みをしていくのですね。それでは、その不法領得の意思の犯罪成立要件の中での位置づけは何なのかというと、これは主観的構成要件要素ということになります。構成要件的故意とは別の主観的構成要件要素として、不法領得の意思というものが一応解釈上必要だということになるのです。

　最後に、もう一度まとめておきますと、財産罪共通の問題として2つの重要な論点を押えてください。まず、財産罪の保護法益として、占有説、

本権説、平穏な占有説という争いがありました。それから、窃盗罪などが成立するためには、不法領得の意思という特別な意思が故意とは別に必要だというのが、判例・通説の考え方なのです。そこにいう不法領得の意思は、権利者を排除し、他人の物を自己の所有物と同様にその経済的用法に従いこれを利用し、または処分する意思のことをいいます。

(5) 窃盗罪

▶▶▶第235条
他人の財物を窃取した者は、窃盗の罪とし、10年以下の拘禁刑又は50万円以下の罰金に処する。

窃盗罪はもっとも基本的な財産犯で、わが国の財産犯の認知件数の80パーセント以上を占める犯罪です。簡単にいえば、他人が占有する他人の物を盗む罪です。ここにいう占有とは、財物を実際に支配している状態のことで、民法上の占有とは若干異なることに注意してください。刑法上の占有のほうが現実的で、「事実上の支配」を意味します。

さて、窃盗罪は占有侵害をその本質とするものですから、いかなる場合に占有侵害が認められるのか、が大問題となってきます。ここでは、死体から物を取った場合も窃盗となるのかを検討しておきましょう。次のケース9をみてください。

ケース9

甲は、Aを殺害した後、Aが高級腕時計をしているのを見てそれが欲しくなったので、こっそりと持ち帰った。

死体から腕時計を取るというのは、被害者の占有を侵害したといえるでしょうか。死者の占有とよばれるとても大切な論点です。死体から物を取るというのは、はたして窃盗罪にあたるのでしょうか。

ここは判例・学説上激しく争われているところですが、判例は、被害者を殺害した者みずからが殺害直後に財物を奪取した場合には、窃盗罪が成立すると考えています。

　ただし、死者の占有を侵害したのではなくて、その死者が生前有していた占有を侵害したという説明の仕方になります。ちょっと技巧的ですが死んでしまった以上、占有はないと考えます。死者の生前の占有を侵害したという法律構成で、これを保護するというのが判例の考え方です。

（6）強盗罪

　強盗罪、ちょっと条文を確認してみましょう。236条という条文です。

> ▶▶▶第236条
> ①暴行又は脅迫を用いて他人の財物を強取した者は、強盗の罪とし、５年以上の有期拘禁刑に処する。
> ②前項の方法により、財産上不法の利益を得、又は他人にこれを得させた者も、同項と同様とする。

　強盗罪とは暴行・脅迫を用いて、他人の財物を強取、または財産上不法の利益を得ることをいいます。

　暴行・脅迫を手段とするところが強盗罪の特徴です。その暴行・強迫とは、相手方の反抗を抑圧する程度の暴行・脅迫をいいます。ですから、かなり強い暴行・脅迫を手段として財物や財産上の利益を奪取した場合、それを強盗罪といいます。

　相手方がもう反撃できなくなるようなぐらい強いもの、その最たるものは殺してしまうという強盗殺人の場合です。そこまでいかなくても、相手を殴り倒してぐったりさせて物を取るような場合が強盗罪です。

　この相手方の反抗を抑圧するという程度にいたらないものを恐喝といいます。恐喝罪については後でお話します。

キーワード　死者の占有

死者の占有とよばれる論点は、細かく分ければ３つに整理することができる。①行為者が財物を奪う意図で被害者を殺害し、死体から財物を取った場合、②行為者が被害者を殺害した後に、財物奪取の意図を生じた場合、③殺害現場を物陰から見ていた第三者が、死体から財物を取った場合、の３つである。

```
┌─────────────┐     ┌─────────────┐     ┌──────────────────────┐
│ ①暴行・脅迫  │ ──→ │ ②反抗の抑圧  │ ──→ │ ③財物・財産上の利益の移転 │
└─────────────┘     └─────────────┘     └──────────────────────┘
```

　ここでは、その違いについて少し説明します。強盗と恐喝は、被害者の反抗を抑圧する程度にいたるかどうかで区別します。

　たとえば、よく中学生や高校生が仲間内でカツアゲといって、ナイフをちらつかせ、相手を脅かしてお金を取ったり、いじめのときも、そのいじめっこにいじめられて、お金を持ってこいなんて言われて、しょうがないからお金を持っていったということがあります。

　あれは恐喝だといってよく議論されますが、被害者がもう抵抗できないくらい、強い恐怖を覚えさせたり、暴行したりする場合には、強盗罪が成立します。

　恐喝は、一応脅して相手の瑕疵ある意思に基づいて占有を移転させるところが強盗と違うというわけです。

　殺した後で物を取る意思を生じた場合や、殴った後で物を取る意思が生じた場合は強盗になるでしょうか。これは強盗罪ではなく殺人罪と窃盗罪または暴行罪と窃盗罪が成立すると考えられています。強盗罪との区別がわかりますか。殴った後で物を取る意思が生じたのか、物を取るつもりで殴ったのかの違いなんです。暴行・脅迫を「手段」とした場合が強盗罪です。ですから、反抗を抑圧する状態になった後に、物でも取ってやろうかと思って取った場合は単なる窃盗にすぎません。手段として暴行・脅迫を行ったかどうかが両者の違いになるのです。

　それから237条は、強盗予備罪です。

　▶▶▶第237条
　強盗の罪を犯す目的で、その予備をした者は、２年以下の拘禁刑
　に処する。

それから238条は、事後強盗罪とよばれるものです。

▶▶▶第238条
窃盗が、財物を得てこれを取り返されることを防ぎ、逮捕を免れ、又は罪跡を隠滅するために、暴行又は脅迫をしたときは、強盗として論ずる。

たとえば、泥棒がある家に盗みに入っていったところ、家の人に見つかってしまったので、逃げるときにその家の人を殴り倒して逃げてきたような場合です。このように、窃盗犯人が逃げるときでも、何かを取り返されるのを防いだり、逮捕を免れたり、罪跡を隠滅するために暴行・脅迫をすることを事後強盗といいます。これは強盗と同じ重い罪になってしまいます。財物を奪う目的ではなく、単に痛めつけてやろうと、暴行・脅迫をしたら被害者がぐったりしたので、これ幸いにと思って被害者から財物を取ったとしても、これは暴行罪と窃盗罪にしかなりません。あくまでも暴行・脅迫を手段としてとったときに、初めて強盗罪となります。その意味では、この238条はちょっと違っていますが、刑事学的にしばしばみられる行為形態であるし、全体的に観察するときは、強盗行為に準ずる性格を有するとみることができるので、強盗として扱うことにしています。「強盗として論ずる」とは、刑法上、すべての点で強盗罪として扱うということです。

239条は、昏酔強盗です。

▶▶▶第239条
人を昏酔させてその財物を盗取した者は、強盗として論ずる。

人を昏睡させてというのはどういうことでしょうか。たとえば、暴力バーのような怖い飲み屋で、そこのホステスさんかだれかが被害者に薬か何かを入れたお酒を飲ませて、酔っぱらった被害者がわけのわからない状態になってるときに、財布を抜き取った場合は、この昏酔強盗罪が成立して

しまいます。

　つまり、酔っぱらって道端で寝ている人から財布を抜き取るのは単なる窃盗ですが、酔っぱらわせてわけがわからなくさせた上で、財布を取るということをやると昏酔強盗という強盗になってしまいます。

　次の240条は重要です。強盗致死傷罪の規定です。

▶▶▶第240条
強盗が、人を負傷させたときは無期又は６年以上の拘禁刑に処し、

死亡させたときは死刑又は無期拘禁刑に処する。

　強盗が、人を負傷させたり、死亡させたときは、これを強盗致傷罪や強盗致死罪、強盗殺人罪といって、非常に重たい罪になってしまいます。法定刑をみてください。負傷させると「無期又は６年以上の拘禁刑」、死亡させたときは「死刑又は無期拘禁刑」です。非常に重たい刑罰が科せられます。先ほどの236条にあったように、暴行・脅迫で殴りつけてぐったりさせると、たいていそれは暴行にとどまらず、傷害にまでいたってしまいます。そのようにけがをさせると、この240条が適用されるということです。

　あとは、241条の強盗・不同意性交等罪です。強盗犯がその上に不同意性交等を、不同意性交等犯がその上に強盗をやってしまいますと、強盗罪より重くなるということになります。以上が強盗罪の流れです。

▶▶▶第241条
①強盗の罪若しくはその未遂罪を犯した者が第177条の罪若しくはその未遂罪をも犯したとき、又は同条の罪若しくはその未遂罪を犯した者が強盗の罪若しくはその未遂罪をも犯したときは、無期又は７年以上の拘禁刑に処する。

〈第２項略〉

③第１項の罪に当たる行為により人を死亡させた者は、死刑又は無期拘禁刑に処する。

（7）詐欺罪

詐欺罪に進みます。

▶▶▶第246条

①人を欺いて財物を交付させた者は、10年以下の拘禁刑に処する。

②前項の方法により、財産上不法の利益を得、又は他人にこれを
得させた者も、同項と同様とする。

　詐欺・恐喝は、ともに被害者の瑕疵ある意思表示に基づいて財物・財産
上の利益を移転させる罪です。瑕疵ある意思に基づいて処分させる意味で、
その意思に反して奪取する窃盗罪・強盗罪と区別されます。ですから、意
思に基づく処分や交付という要件が非常に重要な意味をもつわけです。と
りわけ財産上の利益を対象とする場合には、処分行為の存否は重要です。
先ほども説明しましたが、利益窃盗は処罰されません。利益窃盗というの
は財産上の利益をこっそり盗むことです。したがって、処分行為の要否が
２項詐欺罪と利益窃盗、すなわち犯罪の成否を分ける分水嶺となります。
少しわかりにくいかもしれませんが、処分行為のあるなしが、詐欺罪なの
か、それとも犯罪不成立なのか、というところの区別として重要になると
いうことです。

　無銭飲食を例に考えてみましょう。ご飯を食べて、お金を払わないで逃
げてしまうことです。その無銭飲食のときに、最初から無銭飲食しようと
思ってお店に入って注文すると詐欺罪です。最初からだまそうと思ってい
るからです。次に、そうではなくて、食事し終わって、いざ会計しようと
思って財布を探したところ、財布がないという場合です。そのときに、後
で払いますからなどといって、お店の人をだましてお店を出てしまうとや
はり詐欺罪になります。何の詐欺罪かというと、代金の支払債務を負って
いるにもかかわらず、お店の人をだましてそれを免れますから、財産上の
利益を得たということになります。そういうことで、２項詐欺罪になるわ

けです。

　ところが、そうやってお店の人をだまして逃げて出てくるのではなくて、こっそり出てきてしまったらどうでしょうか。お店の人が、厨房に入って忙しそうにしているときに、何も言わないで黙って店から逃げてきてしまうわけです。これは犯罪不成立になってしまいます。なぜ犯罪不成立なのかというと、人をだましていないからです。黙って出てきているわけですから、詐欺はやっていないのです。しかし、こっそりとはいえ利益を得ているじゃないかといっても、これは財産上の利益を得ているだけであって、別に財物を奪ってはいないから、先ほどからいっているとおり、利益窃盗として犯罪不成立になるのです。

　これがたとえば、逃げる間際に、まだ食べ残していたデザートについてきたミカンを握って逃げたりすれば、それは窃盗罪になってしまいます。ミカンが財物だからです。そうではなくて、食べ残したものは無視して、体ひとつでぱっと逃げてしまう。そうすると、それは財産上の利益を得ただけですから、犯罪不成立になってしまいます。おかしいと思われるかもしれませんが、これは犯罪不成立です。

　ただ、犯罪不成立となるのは、あくまで食べ終わった後に財布がないのに気づいた場合であって、「そうか、そうすれば犯罪不成立なのか」というように計画してやってしまうと、それは最初からだますつもりでいますから、詐欺罪になってしまいます。

　先ほどの利益窃盗の場合でお店の人が追いかけてきたとします。それでも一目散で逃げたとします。そのときに「ちょっと待ってください」と言ったお店の人に、「ちょっとお財布を取ってきますから」などと、もし答えてしまったりすると、詐欺になってしまいます。だます行為をしているからです。ですから、詐欺罪にならないためには、ひたすら黙って逃げなくてはなりません。さらに、お店の人が追いかけてきて肩をつかまれそう

になっても、とにかくそっとそれを外して逃げなくてはなりません。その
ときに、手を振り払っただけでなく、お店の人を投げ飛ばしてけがをさせ
てしまったら、一気にそれは財産上の利益を免れるために暴行・脅迫を手
段とした2項強盗罪によるけがということで、強盗致傷罪になってしまい
ます。一気に6年以上の拘禁刑になってしまいますから、これはとんでも
ないことになるわけです。

　とにかくけがをさせないように、ただひたすら逃げます。そして、逃げ
切ることができれば、これはもう利益窃盗ということで犯罪不成立という
ことになるわけですね。

　もちろん、民法上は不当利得や不法行為にはなりますので、これはあく
まで刑法上は犯罪不成立ということです。

　お店の人をちょっとだまして、お店の人がしょうがないから、代金は明
日まで待ってあげましょうなどというお店の人の意思表示があると、これ
は詐欺罪になります。ですから、お店の人が何らかの意思表示をしたかど
うか、処分行為というものをしたかどうかが決定的に重要になってくるわ
けです。

　詐欺罪は246条です。「人を欺いて財物を交付させた者は」と規定されて
いるわけです。246条にあるように人を欺いて、「財物を交付」させないと
成立しません。そして、2項では財産上の利益を得ないと成立しません。
別の言い方をすれば、単に人をだます罪は日本にはありません。また、人
をだまして何かさせたとしても、このように財物か財産上の利益を得ない
かぎりは犯罪にはなりません。

　たとえば、女の人をだまして、結婚してあげるよというふうにだまして
いい仲になってしまった。そんなときに、女性のほうがだまされたからと
いって別に財産上の利益を侵していないかぎりは無罪です。人をだまして
何かしたとしても、それは財産上の損害がないかぎりは犯罪にはならない

のです。

（8）横領罪・背任罪

横領罪と背任罪をみましょう。

横領罪は252条です。

> ▶▶▶第252条
> ①自己の占有する他人の物を横領した者は、5年以下の拘禁刑に
> 処する。
> ②自己の物であっても、公務所から保管を命ぜられた場合におい
> て、これを横領した者も、前項と同様とする。
> ▶▶▶第253条
> 業務上自己の占有する他人の物を横領した者は、10年以下の拘禁
> 刑に処する。

「自己の占有する他人の物を横領した者は」と書いてあります。たとえ
ば、人から預かってるお金を使い込んだりすると、横領罪で5年以下の拘
禁刑です。ただ、253条という条文があります。業務上、自己の占有する
他人の物を横領した場合、10年以下の拘禁刑で窃盗と同様、重くなります。
仕事で預かっているお金を横領すると、業務上横領ということで、倍に重
くなります。これが業務上横領罪です。

それから、254条が遺失物等横領罪です。

> ▶▶▶第254条
> 遺失物、漂流物その他占有を離れた他人の物を横領した者は、1
> 年以下の拘禁刑又は10万円以下の罰金若しくは科料に処する。

占有離脱物横領罪ともいいますが、「遺失物、漂流物その他占有を離れ
た他人の物を横領した者は、1年以下」と極端に軽い罪です。拾った落と
し物は警察に届けなくてはいけないのに、それを自分の物にすると占有離
脱物横領罪という254条の犯罪になります。

さて、横領罪です。

横領罪は、単純横領、業務上横領、占有離脱物横領に区別されます。このうち単純横領と業務上横領は、行為者が委託信任関係というものに背いたというところに本質があります。要するに、頼まれて預かっていたのに、その委託の趣旨に背いた、信頼を裏切ったという意味あいです。

これに対して、占有離脱物横領ではそれは要求されていません。だから軽いのです。信頼を裏切るというところに本質があるというのが横領罪、というわけです。

それから背任罪です。

▶▶▶第247条

他人のためにその事務を処理する者が、自己若しくは第三者の利益を図り又は本人に損害を加える目的で、その任務に背く行為をし、本人に財産上の損害を加えたときは、5年以下の拘禁刑又は50万円以下の罰金に処する。

背任罪というのは、刑法の犯罪の中で理解するのが一番難しいといわれている犯罪です。具体例で考えたほうがわかりやすいかもしれません。たとえば、銀行の役職員がきちんとした担保も取らないで融資を行い、銀行に損害を与えた場合や、営業秘密をライバルに売り渡してしまったような場合などに背任罪が成立します。ホワイトカラー犯罪の典型といわれます。

この背任罪は刑法にありますが、商法には特別背任罪という犯罪もあります。商法というのは、主に会社について規定する法律です。商法上、経営者や監査役などについて罰則が定められ、会社への裏切り行為が、この特別背任罪の規定によって断罪されたりします。企業の幹部が逮捕され、大きなニュースになったりしますが、逮捕の理由がこの特別背任罪ということも多いのです。

これら背任罪は、信任関係に違背して財産的損害を与えたという点で横

領に近いところがあります。ですから、横領と背任はどう区別したらいい
かという点は、ちょっと難しい論点になっています。

(9) 盗品等に関する罪・毀棄罪

▶▶▶第256条
①盗品その他財産に対する罪に当たる行為によって領得された物
を無償で譲り受けた者は、３年以下の拘禁刑に処する。
②前項に規定する物を運搬し、保管し、若しくは有償で譲り受け、
又はその有償の処分のあっせんをした者は、10年以下の拘禁刑及
び50万円以下の罰金に処する。

　ある人が盗んできた物を売り飛ばした場合、それを買い取ったり、ただ
で譲り受けたりした行為は、この盗品等に関する罪にあたります。

▶▶▶第261条
前三条に規定するもののほか、他人の物を損壊し、又は傷害した
者は、３年以下の拘禁刑又は30万円以下の罰金若しくは科料に処
する。

　毀棄罪にいう「損壊」とは、物理的な損壊だけでなく、物の本来の効用
を失わせることをいいます。物質的に器物の形状を変更したり滅失させた
りする場合にかぎらず、事実上または感情上その物の本来の用途に従って
使用できなくすることも含みます。
　ここまでが財産罪ということになります。この財産罪のところまでが、
いわゆる個人的法益に対する罪でした。

不動産の二重売買と横領罪

　不動産の二重売買とは、不動産をいったん売却した後で所有権移転登記を完了する前に、売主がその不動産の占有を保持していることを奇貨として、これを更に第三者に売却することをいう。民法177条の解釈論を勉強したときに説明したとおり、二重譲渡は、民法上は資本主義社会の自由競争の範囲内であれば、許されていた。以下、横領罪の要件を1つひとつ検討していく。

(a)占有者

　横領罪（252条）にいう「占有」とは、法律上の支配をも含み、不動産の登記名義人がこれにあたる。未登記の場合には、事実上の支配を有する者が占有者となる。

(b)委託信任関係

　では、この場合売主の占有は委託信任関係に基づくものといえるか。この点については、売主は売買契約に基づき買主に対して登記名義移転に協力する義務を負っており、それまでの間はその登記名義を買主のために保存する義務があるとして、その占有は委託信任関係に基づくといえる。

(c)他人の物

　売買契約の締結によって、目的物の所有権は買主に移転するから（民法176条）、いまだ引渡しや登記が済んでいない段階でも当該物の所有権は買主に属する。ただ、意思表示があっただけで代金が支払われていない場合でも、刑法上「他人の物」とすべきかについては問題がある。これに関しては、本罪における他人の物といいうるには単に私法上行為者に所有権がないというだけでなく、「それを領得することが所有者に一定程度以上の事実的・経済的マイナスを与えるものでなければならない」として、252条の「他人の物」に該当しないとか（前田雅英『刑法各論講義　第7版』273頁）、「単に売買の意思表示があったにすぎないときは、買主の売主に対する信頼も弱く、買主は、刑法上処罰に値する程度の所有権の実質を備えていない」（大谷實『刑法講義各論　新版第5版』327頁）として、横領罪の客体とはならないとするのが一般である。

(d)横領行為

　売却行為が法律上の処分として横領行為に該当する。また、判例は、この場合、

移転登記の完了により横領罪が成立するとしている。

　なお、二重売買ではなく、第1買主に無断で抵当権を設定したという事例であっても、横領行為に該当する。

(e)買主の罪責

　第2買主が二重売買の事実について知らなかった場合には、その者の買受行為は何ら犯罪を構成しないことは明らかである。では、二重売買について認識があった場合はどうか。これについては、ただちに横領罪の共犯を認めるべきではなく、①第2買主が単に悪意であるならば何ら犯罪を構成しないが、②民法上保護される正常な取引の範囲を逸脱する信義則違反の行為者、すなわち民法上の「背信的悪意者」にあたる場合には、横領罪の共同正犯ないし教唆犯が成立するとするのが、判例・通説である。なお、買主の罪責として横領物の取得という面で盗品等有償譲受け罪も成立しうる（盗品等罪の項を参照）。

＜重要判例＞

★（最判昭31.6.26）百選Ⅱ［64］の解説3参照（第7版）

　不動産の二重売買の事案について第2譲受人が第1売買の事実をよく知っていた場合につき、第2譲受人は、売主に対する債権に基づきその代物弁済として本件不動産の所有権移転登記を受けその所有権を取得したというのであるから、代物弁済という民法上の原因によって本件不動産所有権を適法に取得したのであって、売主の横領行為とは法律上別個独立の関係であり、第2譲受人が第1売買の事実をよく知りながら所有権移転登記を受けたとしても、ただちに横領の共犯と認めることはできないと判示した。

★（福岡高判昭47.11.22）百選Ⅱ［65］（第8版）

　第2譲受人が二重譲渡になることを知りながらあえて売主に売却を申し入れ、売主が二重譲渡になることを理由に拒絶したにもかかわらず、更に執ように積極的にはたらきかけ、遂に売主に二重譲渡をさせたという背信的悪意者の事案について「被告人の本件所為は、もはや経済取引上許容されうる範囲、手段を逸脱した刑法上違法な所為というべく、右Sを唆かし、更にすすんで自己の利益をも図るため同人と共謀の上本件横領行為に及んだものとして、横領罪の共同正犯としての刑責を免れないものというべきである。もし所論のように、このような場合にも買主に横領罪の共犯が成立しないものとすれば、買主の積極的な働きかけによって遂に横領の犯意を生じた売主のみが一人横領罪として処罰されることとなり、刑法的評価のうえで余りにも衡平を失することとなる」として横領罪の共犯の成立を認めた。

実体法と手続法

　刑法は犯罪という前提条件がある場合に刑罰権が発生することを定めている実体法です。刑法で構成要件・違法・有責という3つの要件を満たせば、犯罪自体は成立します。しかし、犯罪が成立することと被告人が有罪となること（犯人を処罰することができること）とはイコールではありません。刑法で規定している刑罰は刑事手続法の手続によってのみ実現されることになります（憲法31条）。そして、今日においては、刑事訴訟法は刑法に従属するものではなく、刑法とは別に、手続自体が重要な価値をもつと考えられています。この手続優位の発想からすると、刑事訴訟法は間違っても無罪の者を処罰しないための手続ということができます。被告人が有罪となるためには、構成要件・違法・有責に続く、いわば第4の要件として、適正手続という要件を満たさなければなりません。

　そして、手続優位の発想のもとでは、人権保障のために実体法と手続法の間でズレが生じることがあります。詳しくは刑事訴訟法入門で解説していますが、被告人は自分に不利益な証拠が自白しかない場合には、有罪とされません（補強法則、刑事訴訟法319条2項、憲法38条3項）。すなわち、たとえ実際に刑法で構成要件・違法・有責という3つの要件を満たしたとしても、それを示す証拠が本人の自白しかない場合には有罪とはならないわけです。この結論は、一見不当なものに思えるかもしれません。しかし、自白の偏重によるえん罪は、日本にかぎらず人類が繰り返してきた歴史です（足利事件では、菅家さんは1991年12月1日早朝に足利警察署に連行され、同日の夜中まで取調べされた結果、夜半に自白しています）。

　間違っても無実の者が罰せられるようなことがあってはなりません。たとえ、10人の犯罪者を処罰できたとしても、そのために無実の者が1人でも処罰されたのでは、国民は自分が犯罪を犯していないにもかかわらず、間違って処罰されはしないだろうかと不安な生活を強いられ、健全な市民社会は築けません。これは無辜の処罰を防ぐために考えられた人類の英知なのです。このように、実体法と手続法の間でズレが生じうることは、私たちは理解しておかなければなりません。

・足利事件（の経過）

1990年5月12日	夕方7時頃、足利市内のパチンコ店から幼女A（4歳）が行方不明となる。
5月13日	渡良瀬川河川敷で幼女Aの遺体発見。
1991年12月1日	早朝、警察は菅家さんを逮捕状もなく、足利警察署へ連行（これまでの約1年間尾行されていた）。同日夜中まで取調べ。夜半に自白。
12月2日	自供により幼女A殺害容疑で菅家さん逮捕。
12月21日	幼女A事件で菅家さん起訴。幼女B、C殺害についても自供。
12月24日	幼女B殺害容疑で菅家さん再逮捕。
1992年2月13日	幼女A事件の第一審初公判（宇都宮地方裁判所）。
2月26日	幼女B、C事件の不起訴が決定。
1993年7月7日	第11回公判。判決。無期懲役（現無期拘禁刑）（判決の理由の大部分をDNA鑑定の重要性について論じている）。
1994年4月28日	第二審の初公判（弁護側控訴趣意陳述。検察側控訴棄却を主張）。
5月9日	判決（控訴棄却。一審判決をほぼそのまま追認）。ただちに最高裁に上告。
2000年7月18日	最高裁、上告棄却の決定。弁護団の主張に対する具体的判断を一切せず。
2002年12月25日	宇都宮地裁に対し再審請求の申立て。
2008年2月13日	申立て棄却。
2月18日	東京高裁に即時抗告。
12月24日	東京高裁、DNA再鑑定を正式決定。
2009年6月23日	東京高裁、再審決定。
2009年10月21日	東京高裁、再審公判始まる。
2010年3月26日	無罪判決。宇都宮地検が宇都宮地裁に対し上訴権放棄を申し立て、受理されたため、無罪判決が即日確定。

理解度クイズ⑧

1　次のうち、刑法上の「人」にあたるものはどれか。
①　胎児
②　外国人
③　おとぎ話の登場人物

2　ナイフで人の顔を切った場合に成立する罪は何か。
①　傷害罪
②　暴行罪
③　殺人罪

3　他人を不法に物置に閉じこめた場合に成立する罪は何か。
①　軟禁罪
②　監禁罪
③　住居侵入罪

4　公然と人の欠点を指摘した場合、何罪が成立するか。
①　器物損壊罪
②　名誉毀損罪
③　信用毀損罪

5　次のうち、盗んでも窃盗罪にならないものはどれか。
①　電気
②　隣の赤ちゃん
③　友人の自転車
④　友人に貸している自分の六法

6 Aは、数日前に盗まれた自転車が近所のスーパーに置いてあるのを見つけ、幸いと思って乗って帰った。刑法上問題とならないものはどれか。

① 自転車の記名の有無

② 窃盗罪の保護法益

③ 違法性の有無

7 隣人の六法を無断借用する行為が窃盗罪にあたるか否かを検討するとき問題となるものはどれか。

① 不法利用の意思

② 不法使用の意思

③ 不法領得の意思

8 窃盗罪は何を本質とするか。

① 住居の平穏

② 占有侵害

③ プライバシー侵害

9 Aは、Bを殺害したところ、Bが持っていたゲーム機がほしくなり、こっそり持ち帰った。Aの罪責を考える場合に問題とならないものはどれか。

① 死者に占有を認めうるか

② 殺害と時間的・場所的に近接しているか

③ 誰かが現場を見ていなかったか

10　Aが金品ほしさにBをボコボコに殴って縛り上げ、財布を奪ったとき成立する罪は何か。

① 暴行罪

② 強盗罪

③ 窃盗罪

11　強盗罪の構成要件として妥当でないものはどれか。

① 暴行・脅迫

② 反抗の抑圧

③ 財物の窃取

12　Aが結婚しようとウソをつき、ある女性と深い仲になった。Aは詐欺罪の罪責を負うか。

① 負う

② 負わない

13　Aは散歩中、道端に1億円が落ちているのを見つけたが、交番には届けずネコババした。何罪が成立するか。

① 窃盗罪

② 占有離脱物横領罪

③ 遺失物収得罪

14　窃盗罪はいかなる罪か。

① 他人が占有する自己の物を壊す罪

② 自己が占有する他人の物を盗む罪

③ 他人が占有する他人の物を壊す罪

④ 他人が占有する他人の物を盗む罪

⑤ 自己が占有する他人の物を壊す罪

※解答は巻末

Ⅲ　社会的法益に対する罪

　今度は、社会的法益に対する罪です。この中では、放火罪が重要です。この放火罪以外にも、いろいろと社会的法益に対する罪はありますが、特に重要なのは放火罪関係です。

(1) 放火罪

　まず、108条以下の条文をみてください。

> ▶▶▶第108条
> 放火して、現に人が住居に使用し又は現に人がいる建造物、汽車、電車、艦船又は鉱坑を焼損した者は、死刑又は無期若しくは5年以上の拘禁刑に処する。
> ▶▶▶第109条
> ①放火して、現に人が住居に使用せず、かつ、現に人がいない建造物、艦船又は鉱坑を焼損した者は、2年以上の有期拘禁刑に処する。
> ②前項の物が自己の所有に係るときは、6月以上7年以下の拘禁刑に処する。ただし、公共の危険を生じなかったときは、罰しない。
> ▶▶▶第110条
> ①放火して、前2条に規定する物以外の物を焼損し、よって公共の危険を生じさせた者は、1年以上10年以下の拘禁刑に処する。
> ②前項の物が自己の所有に係るときは、1年以下の拘禁刑又は10万円以下の罰金に処する。

　これらは放火罪です。「放火して、現に人が住居に使用し又は現に人がいる建造物、汽車、電車、艦船又は鉱坑を焼損した者は」と規定されています。現住建造物等放火罪といいます。放火というのは家などに火をつけて、公共の危険を生じさせることです。

また、その家の所有者にとってみれば財産の侵害になります。それから、家の中にいた人にしてみれば生命や身体の侵害になります。ただ、単にその個人を侵害するだけではなくて、その地域一帯に大変危険な状態を生じさせるという意味で、単なる個人的法益にとどまらず、まさに社会的法益に対する罪になるのです。

　放火罪は公共危険罪の代表とされています。ここで公共の危険とは、不特定または多数人の生命・身体・財産に対する危険をいいます。これはとても重要ですので覚えてください。放火罪はまさに公共の危険を生じさせるから重く処罰されるというわけです。

　このように、公共の危険を生じさせる放火罪は108条、109条、110条の3つの条文が重要です。

　まず108条ですが、現に人が住居に使用している、または現に人がいる、そのような建物に火をつけた場合を現住建造物等放火といいます。法定刑は非常に重く、死刑、無期、5年以上の拘禁刑で、殺人罪と同じです。放火すれば、何人も人が死んでしまうことがありますし、日本の建物は現在でも木造建築が主流で、被害が甚大になるおそれもあるからです。

　たとえば、1軒の家に火をつけただけでも10軒、20軒全部が燃えてしまうことだって、場合によってはありうるわけです。それで何十人も死んでしまうということもあるかもしれません。それでも放火罪は一罪です。108条一罪しか成立しません。なぜなら、公共の危険を1個しか発生させていないからです。あくまでも公共の危険が保護法益なわけで、公共の安全を侵害して、公共の危険を1個生じさせただけならば、どんなにたくさん建物が燃えても、108条一罪に終わってしまうのです。

　そういうわけですから、法定刑は重めになっています。

　次に、人のいない空き家に火をつけると、109条の問題となります。現に人の住居に使用せず、かつ現に人のいない建物だと法定刑は少し軽くな

キーワード　公共の危険
不特定または多数人の生命・身体・財産に
対する危険をいう。

ります。

　さらに、建物など108、109条に規定した物以外に火を付けると110条の問題となります。前の２条に規定する物以外、たとえば、自動車に火をつけたとか、バイクに火をつけたとか、ごみ箱に火をつけたとか、そのような場合は110条ということになります。

　特に大事なのはその３つの条文というわけです。

　ちなみに、109条２項をみてください。「前項の物が自己の所有に係るときは、６月以上７年以下の拘禁刑に処する」とあります。自分の所有する空き屋に火をつけても犯罪になります。でも、１項に比べると刑が若干軽くなっています。109条１項は２年以上の拘禁刑ですから、２年以上20年以下の拘禁刑です。それが２項で自己所有だと６月以上７年以下です。自分の所有物に火をつけても放火罪にはなりますが、自分の所有ということで、若干刑は軽くなってます。条文を読んで、なるほどなと思えればそれで十分です。放火罪で覚えておいてほしいのは、公共の危険の意味です。それだけ覚えておいてください。

ケース10

　甲は、Aの家に火をつけた。しかし、Aがそれに気づき火を消し止めたので、天井板が30センチ四方焼けたにとどまった。

　これが既遂かどうかということになります。放火罪の場合には、いつ、既遂になるのかが問題となるのです。判例は放火罪が既遂になるのは、火が媒介物を離れて目的物が、独立に燃焼を継続する状態になったときといっています。独立燃焼説といいます。

　たとえば、新聞紙かなんかを丸めてそれにライターで火をつけて壁にじりじりと燃え移らせるときに、その新聞紙が壁から離れても、壁自体が独立に燃え続ける状態が既遂の時期です。それが独立燃焼を開始した時期と

いう意味で、独立燃焼説といいます。

　ですから、壁紙や天井板などが独立に燃焼を開始した以上、そこで、しまったと思って、ざばっと水をかけて消し止めたとしても、もう放火罪は既遂になるわけです。既遂になってしまった以上は、どんなに頑張って自分で消し止めてもそれは関係ありません。もちろん、情状には影響するかもしれませんが。

（2）偽造の罪

▶▶▶第148条
①行使の目的で、通用する貨幣、紙幣又は銀行券を偽造し、又は変造した者は、無期又は3年以上の拘禁刑に処する。
②偽造又は変造の貨幣、紙幣又は銀行券を行使し、又は行使の目的で人に交付し、若しくは輸入した者も、前項と同様とする。

▶▶▶第155条
①行使の目的で、公務所若しくは公務員の印章若しくは署名を使用して公務所若しくは公務員の作成すべき文書若しくは図画を偽造し、又は偽造した公務所若しくは公務員の印章若しくは署名を使用して公務所若しくは公務員の作成すべき文書若しくは図画を偽造した者は、1年以上10年以下の拘禁刑に処する。
②公務所又は公務員が押印し又は署名した文書又は図画を変造した者も、前項と同様とする。
③前2項に規定するもののほか、公務所若しくは公務員の作成すべき文書若しくは図画を偽造し、又は公務所若しくは公務員が作成した文書若しくは図画を変造した者は、3年以下の拘禁刑又は20万円以下の罰金に処する。

　次は偽造罪。この罪も重要です。偽造には何種類かあります。

　まずは通貨偽造、偽札作りです。カラーコピー機なんかで偽札を作ってしまうと通貨偽造になります。

キーワード　公文書・私文書
公文書とは、公務所または公務員が、所定の形式に従って職務上作成すべき文書である。私文書とは、作成主体が私人である文書をいう。

通貨偽造の場合、148条の条文に出てきますが、「行使の目的」で偽造しないと適用されません。偽造関係はみんなこの行使の目的が必要です。公文書偽造も155条で行使の目的が要件となっています。

　さて、偽造関係はいろいろな罪があるのですが、特に重要なのが文書偽造です。文書偽造罪というのは、何を保護法益としているのかをみていきます。

　文書偽造は、一般的な国民生活の基盤となる文書の公共的信用、社会的信用を保護します。国民がみんな勝手にでたらめな文書を作るとなると文書を信用できなくなってしまいます。それでは国民生活が成り立たなくなってしまいます。そこで文書の偽造を処罰するのですが、文書の偽造とはいったいどういう場合をいうのか、どういう偽造を処罰し、根絶しなければ、国民生活が成り立たなくなってしまうのかをはじめに考えてみましょう。次のケース11をみてください。

┌─ ケース11 ──────────────────────
　　甲は、Aの名前を勝手に使用してA名義の文書を作成した。また、乙は、乙名義ではあるが内容虚偽の文書を作成した。
└────────────────────────────

　ケース11の前半は人の名前を勝手に使って文書を作ったということです。後半は文書の中身を偽った、内容を虚偽にしたのです。ですから、文書の作成者の名前を偽ったのか、それとも文書の内容を偽ったのか、そういう違いなんだと思ってください。

　さて、どっちのほうが可罰的でしょうか。日本の刑法はどちらを処罰しているでしょうか。

　まず、日本の刑法は文書全体、制度全体に対する国民の信頼を保護するために文書の作成名義の信用を保護すべきだと考え、作成名義を偽る行為を原則として可罰的だとしました。名義を偽る行為が原則可罰的なのです。

キーワード　名義人と作成者
名義人とは、文書の内容から理解されるその意思の主体をいう。作成者の意義については争いがあり、文書の内容を表示させた意思の主体を作成者とみる観念説と、実際に文書作成行為を行った者を作成者とみる事実説とが対立している。

このように、文書の作成名義の真実性を確保する刑法の態度を形式主義といいます。では、作成名義とは何でしょうか。

名義人とは、文書の内容から理解されるその意思の主体のことをいいます。文書を読んでみて、これはだれが書いたんだなとわかる、つまり、その「だれ」こそが作成名義人ということになります。

もちろん、たいていの場合には名前が書いてあったりしますから、書いてあるその名前の人が作成名義人ということになるわけです。

問題は、実際だれだれと書いてある名前とその作成者とが違っている場合です。そのときにこれが偽造になるというわけです。そういうものを処罰するというのが日本の刑法の立場です。日本の刑法では、権限がないのに他人の名前で勝手に文書を作ってしまうと、それが原則処罰されるということになってるわけです。ケース11の前半は原則として処罰されることになります。

それでは、ケース11の後半はどうでしょう。内容がうそっぱちの文書を作ったとき、これは例外として処罰されるだけです。

そのような内容の真実性を保護するような態度を実質主義といいます。公務員は内容が虚偽の文書を作ると虚偽公文書作成罪として処罰されますが、私人は内容虚偽の文書を作成しても、原則処罰されないということになっています。

このように、日本の刑法は原則として形式主義の立場から、作成名義を偽る者を処罰し、例外的に実質主義を取り入れて、内容虚偽の文書を作った場合も処罰している、そういうスタンスをとっているのです。

条文で確認してみます。

155条の公文書偽造罪です。公文書とは公務所または公務員が作るべき文書のことをいいます。ちなみに、私人が作るべき文書、作った文書を私文書といいます。155条1項に「行使の目的で、公務所若しくは公務員の

印章若しくは署名を使用して公務所若しくは公務員の作成すべき文書若しくは図画を偽造し、又は偽造した公務所若しくは公務員の印章若しくは署名を使用して公務所若しくは公務員の作成すべき文書若しくは図画を偽造した者は」と書いてあります。何が書かれているのかさっぱりわからないと思いますが、文書や図画（「とが」と発音します）、簡単に言えば、公務所や公務員が作るべきようなものを勝手に作った者は、偽造罪であるといっているわけです。

　ですから、公務員でも何でもない者が、勝手に公務員の名前で文書を作り上げる。たとえば、国立大学の学長の名前をかたって、勝手に卒業証書を作る。こういう場合が公文書偽造罪になります。もし、これが私立大学の学長の名前をかたって作り上げたら、それは私文書偽造罪ということになるわけです。このように、名義を偽るのが公文書偽造です。

▶▶▶第156条
公務員が、その職務に関し、行使の目的で、虚偽の文書若しくは図画を作成し、又は文書若しくは図画を変造したときは、印章又は署名の有無により区別して、前2条の例による。

　それから156条。公務員が内容虚偽の文書を作るのが、156条です。簡単にいえば、公務員がウソの文書を作った場合、これは虚偽公文書作成罪ということになります。こんなふうに公文書に関しては、名義を偽る偽造と内容虚偽の文書を作るものと2つとも処罰されます。

　ところが、私文書に関しては159条で名義を偽る偽造は処罰されますが、内容虚偽の文書を作った場合は原則処罰されません。例外的に160条があるだけです。

▶▶▶第159条
①行使の目的で、他人の印章若しくは署名を使用して権利、義務若しくは事実証明に関する文書若しくは図画を偽造し、又は偽造

した他人の印章若しくは署名を使用して権利、義務若しくは事実
証明に関する文書若しくは図画を偽造した者は、3月以上5年以
下の拘禁刑に処する。
②他人が押印し又は署名した権利、義務又は事実証明に関する文
書又は図画を変造した者も、前項と同様とする。
③前2項に規定するもののほか、権利、義務又は事実証明に関す
る文書又は図画を偽造し、又は変造した者は、1年以下の拘禁刑
又は10万円以下の罰金に処する。
▶ ▶ ▶第160条
医師が公務所に提出すべき診断書、検案書又は死亡証書に虚偽の
記載をしたときは、3年以下の拘禁刑又は30万円以下の罰金に処
する。

　「医師が公務所に提出すべき診断書、検案書又は死亡証書に虚偽の記載
をしたとき」とは、お医者さんが診断書などに虚偽の記載をしたときにだ
け処罰されるということです。一般の私人がウソの内容の書面を作っても
処罰されません。

　これは常識的に考えてみても、そうだろうなというイメージをもってほ
しいと思います。たとえば、みなさんが、実家のお父さん・お母さんに手
紙を書く。そのときに「最近、司法試験の勉強を始めました。非常に好調
です。わからないところはまったく1つもありません。今までの復習は完
璧に終わってます。先生が覚えろと言ったことは、ほぼ完璧に100%覚え
ています」というウソばっかりの手紙を書いたとします。それは内容虚偽
の手紙、つまり文書です。それを作っていることになりますから、それを
処罰されることになると、そんなバカなことはないぞということになりま
す。

　ですから、公務員については内容虚偽の文書を作成すると処罰されるの
ですが、私文書については内容虚偽の文書を作成した場合で処罰されるの

は例外でしかないということを知っておいてください。このように偽造は、作成名義を偽る、作成者の名前についてウソをつく、それが原則処罰されます。そして、内容を偽るということは例外的に処罰されているだけだという構造になっています。

　そして、文書偽造罪の保護法益は文書に対する社会的信用、公共的信用でもいいですが、社会的信用のほうが一般的という気がしますので、それで覚えておきましょう。

サイバー犯罪の増加と刑法改正

　近年、インターネットの普及に伴い、いわゆるサイバー犯罪が増加を続けています。そうであるにもかかわらず、以前はウイルスの作成や提供などの事件を立件するための法律がありませんでした。そのため、著作権法違反や器物損壊罪での対処が試みられてきました。また、2001年11月に「サイバー犯罪に関する条約」が採択されており、法整備の必要性が高まっていました。

　このような経緯から、これらのサイバー犯罪に適切に対処するため、平成23（2011）年6月24日に「情報処理の高度化等に対処するための刑法等の一部を改正する法律」が公布され、施行されました。この法改正により、刑法に不正指令電磁的記録に関する罪（第19章の2）が新設されました。

　不正指令電磁的記録に関する罪は、電子計算機のプログラムに対する社会一般の者の信頼を保護法益とする罪であり、文書偽造の罪（第17章）等と同様に、社会的法益に対する罪として規定されました。

焼損概念

放火罪の既遂時期については、以下のように学説が分かれている。

☆独立燃焼説（判例）

火が媒介物を離れ目的物が独立に燃焼を継続する状態になったことをもって焼損とする。

理由：①焼損をもって既遂となる類型は抽象的危険犯であるが、目的物の独立燃焼が可能な状態にいたれば、公共の安全に対する抽象的危険は発生したと考えてよい。

②わが国の家屋は依然として木造建築物が多いこと、また過密住宅地区における延焼の危険性が大であることを考えれば、既遂時期を早める必要がある。

③失火罪は未遂規定がないため焼損がなければ不可罰となるが、焼損をより狭く解してしまえば失火罪の成立範囲を不当に狭める。

批判：①本罪を抽象的危険犯と解するとしても、公共の安全に対する危険がまったくないといえるような場合にまで放火罪の既遂としてしまうことは、本罪が公共危険罪であることと矛盾する。

②わが国の家屋の建築構造等は、既遂時期を早める根拠となる反面、それだけ被告人に酷となる場合が多い。

③最近の難燃性・耐火性造物の場合に既遂時期が遅すぎることになりかねない。

☆効用喪失説

目的物の重要部分が消失し、その効用を喪失した状態をもって焼損とする。

理由：わが国の家屋の建築構造を考えると、独立燃焼説ではほとんど未遂が考えられず、中止犯も認められなくなる。

批判：①2次的法益である財産の侵害を重視しすぎている。

②最近の難燃性・耐火性建造物は、建物の一部が燃焼しただけでも有毒ガスの発生により人命を奪うことが多いし、完全な焼失ということも考えにくい。

☆毀棄説

火力により目的物が毀棄罪の損壊の程度に達した状態をもって焼損とする。

理由：①「焼損」とは、元来、火力によって物を損壊するという意味であるから、目的物自体の毀棄または損壊の時点を基準にすべきである。

②毀棄罪にいう損壊の程度にいたれば抽象的危険が発生したと解しうるから、公共危険罪の性格に照らしても妥当である。

③最近の難燃性・耐火性建造物についても、損壊により公共の危険

が発生する可能性がある場合には焼損としうるので妥当な結論を導きうる。

　　批判：（理由②に対して）焼損概念は、実質的には「公共の危険の発生の程度」を測るものであるのに、財産犯の基準を借用するのはおかしい。

　　　　　（③に対して）「焼損」の語は、火と無関係の建造物の損壊を含みえず、放火客体の燃焼から生じたものでなければ、放火罪の予定する公共の危険ではありえない。

☆燃え上がり説

　物の重要部分が炎を上げ燃焼を始めた状態をもって焼損とする。

　　理由：①「焼損」の語は、目的物の一定程度以上の部分が燃焼することをいうと解するのが自然である。

　　　　　②抽象的危険の発生はまさに「燃え上がった」時に認められる。

　　批判：①物の重要部分の範囲が明確でない。

　　　　　②最近の難燃性・耐火性建造物など炎を上げない燃焼の場合に妥当な結論を導けない。

☆個別化説

　燃焼作用によって、公共の安全に対する抽象的危険が発生した時点を具体的に検討する。すなわち、通常の可燃性建物であれば、その重要部分が、建造物全体に燃え移る危険のある程度に炎を上げて燃えた状態をもって焼損とすべきである。

　また、最近の難燃性・耐火性建造物の場合には延焼の危険が発生する程度に酸化し高温になった状態をもって焼損とすべきである。なお、高温を中心とした「燃焼作用」によらない建物の崩落や有毒ガスの発生等については、放火罪の予定する公共の危険ではありえず、殺人罪や毀棄罪等に問うべきである。

＜重要判例＞

★（大判大7.3.15）

　「放火罪は静謐に対する犯罪なれば、苟しくも放火の所為が一定の目的物のうえに行はれ、其状態が導火材料を離れ独立して燃焼作用を営み得べき場合に於ては公共の静謐に対する危険は既に発生せるを以て、縦令其目的物をして全焼其効用を喪失せしむるにおよばざるも刑法に所謂焼燬の結果を生じ放火の既遂状態に達したるもの」と判示した。

★（最決平元.7.7）百選Ⅱ［82］（第8版）

　「被告人は、12階建集合住宅である本件マンション内部に設置されたエレベーターのかご内で火を放ち、その側壁として使用されている化粧鋼板の表面約0.3平方メートルを燃焼させたというのであるから、現住建造物等放火罪が成立するとした原審の判断は正当である」とした。

Ⅳ 国家的法益に対する罪

主な国家的法益に対する罪は、以下のように分類することができます。

①国家の存立に対する罪

　(1)内乱に関する罪

　(2)外患に関する罪

②国家作用に対する罪

　(1)犯人蔵匿・証拠隠滅の罪

　(2)偽証の罪

　(3)虚偽告訴の罪

　(4)公務の執行を妨害する罪

　(5)賄賂の罪

③国際社会に対する罪

　・国交に関する罪

以下では、各犯罪類型を概観しておきましょう。なお、国際社会に対する罪（92条〜94条）については、条文を引いて確認しておいてください。

❶国家の存立に対する罪

(1) 内乱罪

▶▶▶第77条

①国の統治機構を破壊し、又はその領土において国権を排除して権力を行使し、その他憲法の定める統治の基本秩序を壊乱することを目的として暴動をした者は、内乱の罪とし、次の区別に従って処断する。

１　首謀者は、死刑又は無期拘禁刑に処する。

2　謀議に参与し、又は群衆を指揮した者は無期又は3年以上の
　　　拘禁刑に処し、その他諸般の職務に従事した者は1年以上10年
　　　以下の拘禁刑に処する。
　　3　付和随行し、その他単に暴動に参加した者は、3年以下の拘
　　　禁刑に処する。
　②前項の罪の未遂は、罰する。ただし、同項第3号に規定する者
　については、この限りでない。

　何だこれはと思うかもしれませんが、内乱罪とは、国を転覆させようと
いう犯罪です。77条に出てきます。破壊活動防止法（破防法）がオウム真
理教の事件で適用されるかどうかが問題になったりしましたが、この法律
もこの内乱罪と一緒になって出てきたりします。

(2) 外患誘致罪
　▶▶▶第81条
　外国と通謀して日本国に対し武力を行使させた者は、死刑に処す
　る。

　外患誘致罪の外患というのは聞き慣れない言葉ですが、外国と通謀して
日本国に対して武力を行使させることをいいます。要するに、外国と通謀
して日本を攻めさせる、日本に戦争を仕掛けさせたりする、それが外患誘
致罪です。81条は変わった条文です。死刑しかありません。そういうこと
やったら、とにかく即、死刑。死刑しかない、そんな罪なんですね。まず
ないでしょうが、もしこういうことがあればということです。

❷国家作用に対する罪
(1) 犯人蔵匿罪・証拠隠滅罪
　国家作用に関する罪ということで、犯人蔵匿罪、証拠隠滅罪があります。

▶▶▶第103条

罰金以上の刑に当たる罪を犯した者又は拘禁中に逃走した者を蔵
匿し、又は隠避させた者は、3年以下の拘禁刑又は30万円以下の
罰金に処する。

▶▶▶第104条

他人の刑事事件に関する証拠を隠滅し、偽造し、若しくは変造し、
又は偽造若しくは変造の証拠を使用した者は、3年以下の拘禁刑
又は30万円以下の罰金に処する。

　だいたいどういうことをいってるのかというイメージをもてれば、いい
です。

(2) 偽証罪

▶▶▶第169条

法律により宣誓した証人が虚偽の陳述をしたときは、3月以上10
年以下の拘禁刑に処する。

　偽証罪という言葉は、よく聞くことがあるのではないかと思います。
「法律により宣誓した証人が虚偽の陳述をしたとき」ということです。法
律で宣誓した証人が、虚偽の陳述をして初めて偽証になります。ですから、
宣誓してなければ偽証にはならないのです。

(3) 虚偽告訴罪

▶▶▶第172条

人に刑事又は懲戒の処分を受けさせる目的で、虚偽の告訴、告発
その他の申告をした者は、3月以上10年以下の拘禁刑に処する。

　次に、虚偽告訴罪、昔は誣告罪とよばれていました。これは172条です。
本当は犯罪者ではないのに、あいつは犯罪者だ、などと言って告訴したり
するのが虚偽告訴罪です。

オウム裁判と法律家の役割

1995年にオウム真理教関連の事件において起訴された教祖である麻原彰晃（本名：松本智津夫）被告人の弁護人選任をめぐっては、弁護人をつけること自体にもかなり否定的な世論がつくられました。また、オウム事件のほかの被告についても裁判などやらずに早く処罰せよという主張が数多く出されました。

私がそのとき感じたのは、オウム事件の被告の人たちでさえ、やはり人権というものがあり、それを守るのが法律家の仕事ではないかということです。

憲法は個人の尊重という価値観に基づいてできあがっています。個人の尊重とは、たとえどんなに悪いことをした人でも、人間として尊重されるべきだし、守られるべき人権は保障するということです。そこからすべてが出発するのです。

しかし、マスコミの報道の仕方や対応、一般国民の反応は、「彼らにも人権があるからそんなことまずいんじゃないか」と少しでも言おうものなら、すぐにたたかれてしまい言えなくなってしまうような状況でした。

まさに「戦争はいやだ、反対だ」と言おうと思っても、追いつめられて言えなかった戦争当時の状況とほとんど変わらない感じです。それは個人の尊厳という価値観が、まだまだ日本では全然根づいていないということのある意味での証だったかもしれません。仮にそうした認識が根づいたならば、子どもの人権や女性の人権やハンディキャップを負った人たちの人権、さらに外国人の人権に対する国民の理解が進むのではないかと思います。犯罪者を人として扱わないような対応は、たとえば理由もなく外国人を差別する構造と同じです。

悪いことをやったのはたしかかもしれませんが、それは適正な手続によって処罰されるべきです。社会のルールを破った者を社会のルールから外して勝手に感情だけで処罰したとしたら、社会のルールを破った者と何ら変わらないということを、国民は自覚しなくてはなりません。また、そういうことに歯止めをかけることをあえてやるのが法律家の役割なのです。

(4) 公務執行妨害罪

▶▶▶第95条

①公務員が職務を執行するに当たり、これに対して暴行又は脅迫を加えた者は、3年以下の拘禁刑又は50万円以下の罰金に処する。
②公務員に、ある処分をさせ、若しくはさせないため、又はその職を辞させるために、暴行又は脅迫を加えた者も、前項と同様とする。

公務執行妨害罪。95条です。「公務員が職務を執行するに当たり、これに対して暴行又は脅迫を加えた者は」というところです。これを公務執行妨害罪といいます。ですから、逮捕されそうになったときに、警察官に暴力を加えたりするのも公務執行妨害罪ということになってしまいます。

この公務執行妨害罪で逮捕したということが、よくニュースなどに出てきます。警察官に逮捕されそうなときに、抵抗したりすると、この公務執行妨害罪になったりします。暴行・脅迫と条文に書いてありますが、この場合の暴行というのは、かなり緩やかなものです。

たとえば、警察官に何かいろいろ言われて頭にきて、警察官の乗ったパトカーをガツンと蹴飛ばしてしまったりすると、それだけで立派に公務執行妨害罪で現行犯逮捕ということになってしまいます。ですから、これは相当、人権保障との関係を考えて解釈に気をつけなくてはいけない犯罪であるといえます。

(5) 賄賂罪

汚職の罪というのがあります。賄賂罪関係の犯罪です。

賄賂罪関係の罪は、197条以下のところで出てきます。

▶▶▶第197条

①公務員が、その職務に関し、賄賂を収受し、又はその要求若しくは約束をしたときは、5年以下の拘禁刑に処する。この場合に

キーワード **賄賂**
公務員の職務に関する不正の報酬としての利益である。賄賂の目的物の典型例は金銭であるが、その他、債務の弁済、飲食物供応、芸ぎの演芸、異性間の情交、就職のあっ旋、無利子の貸与等も賄賂となりうる。

おいて、請託を受けたときは、7年以下の拘禁刑に処する。

②公務員になろうとする者が、その担当すべき職務に関し、請託を受けて、賄賂を収受し、又はその要求若しくは約束をしたときは、公務員となった場合において、5年以下の拘禁刑に処する。

「公務員が、その職務に関し、賄賂を収受し、又はその要求若しくは約束をしたときは」とあります。これが賄賂罪、収賄罪とよばれるものです。この賄賂罪関係のところは、いわゆる通常の単純な賄賂罪と1項後段に書かれている「請託を受けた」という受託収賄罪とよばれるものがあります。

請託というのは、依頼されたぐらいの意味あいです。単に賄賂を受け取るのではなくて、仕事を依頼されて賄賂を受け取ると、197条1項後段でいう「請託を受けた」というところで受託収賄罪になります。法定刑もちょっと重くなります。

この賄賂罪は、197条1項前段が基本形です。

賄賂罪というのは、職務に関してお金をもらうだけで賄賂罪が成立します。すなわち、お金を受け取って悪いことをやる必要はないのです。たとえば、近所のお巡りさんにいつも世話になっている、夜中に家の近くを1人で歩くのはちょっと怖いけれども、いつもお巡りさんが見回りしていてくれるから安心して歩ける。そこでお巡りさんに感謝の気持ちで、チョコレートなどをあげた場合です。そのお巡りさんの見回りの職務に感謝してあげただけですが、職務に関して賄賂を与えていることになってしまいます。賄賂はお金だけにかぎりませんから、プレゼントみたいなものでもいいわけです。

そんなふうにお巡りさんに何かプレゼントをすると、贈ったほうは贈賄罪、受け取ったほうは収賄罪になってしまうわけです。

ですから、賄賂罪の条文にはハッキリ書いていませんが、不正なことをする必要はありません。このことは頭に入れておいてください。

ちなみに、賄賂の定義ですが、賄賂とは、公務員の職務に関する報酬としての利益のことをいいます。

さて、なぜ不正なことをやっていないのに、賄賂をもらうと処罰されてしまうのでしょうか。そもそも賄賂罪の保護法益は何でしょうか。それは職務の公正およびそれに対する社会の信頼といわれています（通説）。その公務員の職務に対する社会の信頼を害しているから賄賂罪になるということです。

では、お巡りさんにプレゼントをする、それがなぜ信頼を害することになるかというと、それを見ていたまわりの国民が、あのお巡りさんはプレゼントをあげないとはたらかないんじゃないか、私も賄賂をあげないといけないと思ってしまう可能性、危険性があるからです。

それは、公務全体に対して信頼を失わせることになるからよくないという発想です。職務の公正およびそれに対する社会の信頼、それが保護法益ということを知っておいてください。

ケース12

　税務署職員である甲が、住民乙から、乙の税額の決定に際して手心を加えてほしい旨の依頼を受け、その報酬として30万円を受け取った。

ケース12をみてください。税務署の職員甲が手心を加えてほしいとの依頼を受け、お金を受け取ったという話です。

この場合、甲には収賄罪が成立しそうですが、甲はA地区の担当、乙はB地区の住民だった。そういうときはどうでしょうか。「職務に関し」賄賂を受け取ったといえるか、すなわち職務というのはどのくらい広くしていいんだろうかということが問題になります。

この点については、判例・通説は、(1)一般的・抽象的な職務権限があれば足りるとし、更に(2)職務と密接に関連する行為をも含むとして、「職

務」の範囲を広く解釈しています。一般的・抽象的な職務権限ある行為と職務と密接な関連のある行為を含む、ということで「職務に関し」というのは、かなり広めに考えます。

たとえば、ある会社から飛行機を買おうと思っているときに、内閣総理大臣が、じゃあこの飛行機がいいんじゃないの、と勧めたりする、これも総理大臣の職務に密接に関連する行為であると最高裁判所は判断しています。どのあたりまでが職務に密接に関連する行為なのだろうかというのはかなり微妙で難しいところです。職務に密接に関連しないとなると犯罪不成立、密接に関連する行為であるとなると収賄罪というわけです。ですから、賄賂罪ではここが一番の争点になります。

賄賂罪のところは、まだもっと細かな条文がありますが、とりあえず197条が基本形です。

内閣総理大臣の職務権限
ロッキード事件丸紅ルート上告審判決

　賄賂罪の客体は、賄賂である。「賄賂」とは、公務員の職務に関連する不正の報酬としての一切の利益をいう。そして、不正の報酬は、職務に関連するものでなければ本罪にいう「賄賂」にはあたらない。そして、この職務の範囲については、賄賂罪の保護法益の観点から導かれるべきであり、実際に公務員が法律上有する権限の範囲とは一致しないと考えるのが判例・通説である。法律上有する権限以外の職務権限としては、「一般的職務権限」および「職務密接関連行為」（準職務行為ないし事実上所管する職務行為）の概念が広く承認されている。そのうち、「職務密接関連行為」にあたるかにつき、当時の内閣総理大臣田中角栄氏の行為が大きな問題になったのが、ロッキード事件である。この点について最高裁判例が出ている。

【事実の概要】

　被告人Ａは航空機製造会社ロッキード社の代理店である丸紅の社長であり、当時の内閣総理大臣である田中角栄に対し、①運輸大臣に働きかけて全日空に同社のトライスター旅客機の選定購入を勧奨させ、あるいは②田中が直接みずから全日空にその選定購入をはたらき掛けるよう依頼して請託し、売込みの成功報酬として現金５億円を供与することを約束した。田中はこれを承諾し、その後全日空が購入を決定したことから５億円を受け取った。

　内閣総理大臣が運輸大臣に対し民間航空会社に特定機種の航空機の選定購入を勧奨するようはたらきかけることは職務行為か。

【判旨】
　「賄賂罪は、公務員の職務の公正とこれに対する社会一般の信頼を保護法益とするものであるから、賄賂と対価関係に立つ行為は、法令上公務員の一般的職務権限に属する行為であれば足り、公務員が具体的事情の下においてその行為を適法に行なうことができたかどうかは、問うところではない。けだし、公務員が右のような行為の対価として金品を収受することは、それ自体、職務の公正に対する社会一般の信頼を害するからである」。

　運輸省設置法、航空法の規定から、運輸大臣には、航空運輸行政に関する行政指導として、民間航空会社に対して特定機種の選定購入を勧奨する職務権限がある。

　内閣総理大臣は、「内閣の明示の意思に反しない限り、行政各部に対し、随時、その所掌事務について一定の方向で処理するよう指導、助言等の指示を与える権限を有する」。したがって、内閣総理大臣の①の行為は「一般的には、内閣総理大臣の指示として、その職務権限に属する」。なお、②の行為については、上記判断により被告人Ａにつき贈賄罪の成立が認められ、「原判決の結論を是認できるから、…田中の内閣総理大臣としての職務権限に属するかどうかの点についての判断は示さないこととする」。

（最高裁平成7年2月22日大法廷判決　百選Ⅱ［107］（第8版））

理解度クイズ⑨

1 放火罪は何を生じるために重く処罰されるか。
   ① 公共の福祉
   ② 公共の危険
   ③ 公衆の不安

2 次のうち、国家的法益に対する罪にあたるものはどれか。
   ① 殺人罪
   ② 強盗罪
   ③ 盗品等に関する罪
   ④ 内乱罪
   ⑤ 放火罪

3 賄賂罪に共通する要件として正しくないものはどれか。
   ① 賄賂を収受したこと
   ② 職務に関連していること
   ③ 不正を行ったこと

※解答は巻末

V　刑法各論の全体像

　ここまでお話したように各論はそんなに難しくありません。常にここは
こういうふうに解釈する、保護法益から考えてここはこういうふうに解釈
すべきだというふうに考えていきます。

　論点的には、財産罪の総論で話した保護法益と不法領得の意思の2つが、
特に重要なポイントになります。

　刑法総論は、①構成要件該当、違法性阻却、責任という順序で検討する、
②しかも構成要件の中は実行行為、結果、因果関係、構成要件的故意の順
番で検討していく、③それから責任要素のところでは、責任能力と責任故
意と違法性の意識の可能性と期待可能性を検討する、④責任故意の中で違
法性阻却事由を基礎づける事実の不認識を検討する。特に89頁の全体像が
重要です。しっかりと頭に入れておいてください。刑法の本当に根本の部
分のところはここです。

　最後に、刑法各論の全体像を掲げておきます。もう一度全体像を確認し
ておいてください。

〈刑法各論の全体像〉

Ⅰ　犯罪類型の分類
　①刑法総論との関わり
　②保護法益による分類
　③個人的法益に対する罪
　　(1)生命・身体に対する罪
　　(2)自由および私生活の平穏に対する罪
　　(3)名誉・信用に対する罪
　　(4)財産に対する罪

④社会的法益に対する罪

⑤国家的法益に対する罪

Ⅱ　個人的法益に対する罪

　①生命・身体に対する罪

　　⑴殺人罪

　　⑵傷害罪

　　⑶暴行罪

　　⑷過失傷害の罪

　　⑸遺棄の罪

　②自由および私生活の平穏に対する罪

　　⑴逮捕罪・監禁罪

　　⑵住居侵入罪

　③名誉・信用に対する罪

　　⑴名誉毀損罪

　　⑵侮辱罪

　　⑶信用毀損罪・業務妨害罪・電子計算機損壊等業務妨害罪

　④財産罪

　　⑴財産罪の概観

　　⑵財産罪共通の問題点

　　⑶財産罪の保護法益

　　⑷不法領得の意思

　　⑸窃盗罪

　　⑹強盗罪

　　⑺詐欺罪

　　⑻横領罪・背任罪

(9)盗品等に関する罪・毀棄罪

Ⅲ　社会的法益に対する罪
　　(1)放火罪
　　(2)偽造の罪

Ⅳ　国家的法益に対する罪
　①国家の存立に対する罪
　　(1)内乱罪
　　(2)外患罪
　②国家作用に対する罪
　　(1)犯人蔵匿罪・証拠隠滅罪
　　(2)偽証罪
　　(3)虚偽告訴罪
　　(4)公務執行妨害罪
　　(5)賄賂罪

【理解度クイズ①解答】

1 　①
2 　①
3 　③
4 　②

【理解度クイズ②解答】

1 　⑤
2 　②
3 　③
4 　①
5 　①
6 　①

【理解度クイズ③解答】

1 　④
2 　③
3 　③
4 　①

【理解度クイズ④解答】

1 　①
2 　④
3 　①
4 　①
5 　④
6 　④

【理解度クイズ⑤解答】

1 　①
2 　②
3 　②

【理解度クイズ⑥解答】

1 　②
2 　③
3 　①
4 　④
5 　②

【理解度クイズ⑦解答】

1　②

2　⑤

3　⑤

4　③

【理解度クイズ⑨解答】

1　②

2　④

3　③

【理解度クイズ⑧解答】

1　②

2　①

3　②

4　②

5　②

6　①

7　③

8　②

9　③

10　②

11　③

12　②

13　②

14　④

伊藤 真 （いとう・まこと）

[略歴]

1958年　東京生まれ。　1981年　司法試験に合格後、司法試験等の受験指導に携わる。

1982年　東京大学法学部卒業後、司法研修所入所。　1984年　弁護士登録。

1995年　15年間の司法試験等の受験指導のキャリアを活かし、合格後、どのような法律家になるかを視野に入れた受験指導を理念とする『伊藤真の司法試験塾』（その後、「伊藤塾」に改称）を開塾。

　　　伊藤塾以外でも、大学での講義（慶應義塾大学大学院講師を務める）、代々木ゼミナールの教養講座講師、日経ビジネススクール講師、全国各地の司法書士会、税理士会、行政書士会、弁護士会等の研修講師も務める。

　　　現在は、予備試験を含む司法試験や法科大学院入試のみならず、法律科目のある資格試験や公務員試験を目指す人達の受験指導をしつつ、一人一票実現国民会議の事務局長として一票の価値実現をめざす等、社会的問題にも取り組んでいる。

　　　（一人一票実現国民会議 URL：https://www2.ippyo.org/）

[主な著書]

『伊藤真の入門シリーズ「憲法」ほか』（全8巻、日本評論社）

　　＊伊藤真の入門シリーズ第3版（全6巻）は韓国版もある。

『伊藤塾合格セレクション　司法試験・予備試験　短答式過去問題集』（全7巻、日本評論社）、『伊藤真試験対策講座』（全15巻、弘文堂）、『伊藤真ファーストトラックシリーズ』（全7巻、弘文堂）、『中高生のための憲法教室』（岩波ジュニア新書）、『なりたくない人のための裁判員入門』（幻冬舎新書）、『夢をかなえる勉強法』（サンマーク出版）、『憲法問題』（PHP新書）、『憲法は誰のもの？』（岩波ブックレット）、『あなたこそたからもの』（大月書店）等多数。

伊藤塾　東京都渋谷区桜丘町17-5　03(3780)1717
　　　　https://www.itojuku.co.jp/

 い とう まこと　けいほうにゅうもん
伊藤 真 の刑法 入 門 第7版——講義再現版

●——1997年 9 月30日　第1版第1刷発行
●——2003年 2 月10日　第2版第1刷発行
●——2005年 4 月10日　第3版第1刷発行
●——2010年 1 月25日　第4版第1刷発行
●——2015年 1 月25日　第5版第1刷発行
●——2017年12月25日　第6版第1刷発行
●——2024年 3 月 5 日　第7版第1刷発行

著　者——伊藤真

発行所——株式会社　日本評論社

　　　　〒170-8474 東京都豊島区南大塚3-12-4
　　　　電話03-3987-8621（販売）——8631（編集）　振替 00100-3-16

印刷所——精文堂印刷株式会社

製本所——株式会社難波製本

検印省略 © 2024 M. ITOH

装幀／清水良洋　カバーイラスト／佐の佳子　本文イラスト・図／清水優子　清水千恵美

Printed in Japan

ISBN 978-4-535-52783-6